동네에서 협동조합으로 창업하기

小さな起業で楽しく生きる

by ワーカーズ・コレクティブネットワークジャパン(WNJ)

동네에서 협동조합으로 창업하기

워커즈콜렉티브네트워크재팬 지음 | 아이쿱생협 일본어 번역 모임 연리지 옮김

그물코

한국어판 출판에 부쳐

후지이 에리(藤井惠里)

워커즈콜렉티브네트워크재팬 대표

이 책이 한국어로 번역되어 출판된다고 하니 영광입니다.

아이쿱생협 연수단이 우리 단체를 방문했을 때 이 책을 선물 받았고, 한국으로 돌아가 조합원으로 구성된 일본어 번역 모임에 소개한 것이 이번 출판으로 이어졌다고 들었습니다.

5년 전, '좀 더 많은 사람이 워커즈콜렉티브를 알았으면 좋겠다. 일반 서점에서 판매할 수 있는 책을 만들자'(물론 일본 국내에서이지만)는 마음으로 시작한 출판 작업이 이렇게 한국어로 번역되어 출판으로 이어지리라고는 상상도 못했습니다. 마치 꿈만 같습니다.

한국어 출판을 위해 애써 주신 모든 분에게 진심으로 감사드립니다.

일본의 워커즈콜렉티브 운동은 1982년 카나가와현에서 처음 시작되었습니다.

"일터를 만든다는 것은 새로운 나를 발견하고, 타인에게 자극을 주며,

나를 개혁하면서 활동 공간을 넓혀가는 것입니다. 지역 사람들의 지혜를 모아 생활을 풍요롭게 만들고 그것을 통해 인생을 충실하게 연출해 가는 사람들이 자유롭게 모이는 것입니다. 이것이 우리가 추구하는 모습입니다." 일본에서 가장 먼저 만들어진 '워커즈콜렉티브 닌진'의 설립 취지문에 나오는 글입니다.

지금까지 축적해 온 생활자로서의 기술과 경험(가사 · 육아 · 돌봄 등)을 가족을 넘어 사회화해 나가려는 시작이라고 할 수 있습니다.

경제 지상주의, 시장 가치 우선, 왜곡된 사회 속에서 '사용 가치'와 '인간의 가치'를 공유하고 제공하면서 지역에 협동조합 생태계를 만들어 가기 위한 첫발을 내디뎠습니다.

워커즈콜렉티브는 일하는 사람들의 협동조합, 1인 1표의 참가와 의결권을 가진 사업체입니다. 워커즈콜렉티브네트워크재팬(이하 WNJ)은 1995년에 이런 내용을 담은 '워커즈콜렉티브 가치와 원칙'을 발표했습니다. 책의 본문에는 이 내용이 소개되어 있지 않아 전문을 여기에 소개해 보겠습니다.

〈워커즈콜렉티브 가치와 원칙〉

가치

워커즈콜렉티브는 상호 부조의 정신에 입각한 자립, 상호 책임, 민주주의, 평등, 공정을 기본 가치로 한다. 또한 모든 활동에서 정직, 공개,

사회적 책임, 타인에 대한 배려를 소중히 한다.

원칙

1. 목적

워커즈콜렉티브는 사회적, 경제적 자립을 추구하는 사람들이 지역에 개방된 노동의 장을 협동하여 만들어 가는 것을 목적으로 한다.

2. 가입

협동 노동에 참가하고, 인간으로서의 자립을 추진하는 사업을 공유하기 위해 책임을 감당할 용의가 있는 사람이면 누구나 자발적으로 출자하고 가입할 수 있다.

3. 민주주의

소집단제를 취하며 1인 1표의 민주적 운영을 한다. 개개인이 경영에 책임을 지며, 조직의 정보를 공유한다.

4. 재무

초기 출자금으로 창업을 한다는 자각을 가지고 창업에 필요한 자본을 준비한다. 한편 자본의 일부분은 분할하지 못하며 개인에게 배당하지 않는다.

사회적 기준에 따른 공정한 노동 소득 및 사회 보장을 실현하며 재무와 관련된 정보는 공개해야 한다.

해산 시, 청산 후 조합 재산은 다른 협동조합 또는 워커즈콜렉티브에 양도한다.

5. 교육

자립을 위해 사회, 경제, 생태계 등에 대한 기초 지식을 학습하며, 생활 가치 산업의 기능을 공유를 통해 높여간다.

6. 지역사회 기여

워커즈콜렉티브의 사업은 지역의 생활 가치와 직결되어 있으므로 사업을 통해 지역사회를 유지 · 발전시켜 나가는 데 도움이 되는 영역을 확대해 나간다.

7. 협동조합 간 협동

워커즈콜렉티브 및 다른 협동조합과 연계하여 협동 사업이나 공동 이용 시설을 만들어 나간다.

8. 공공 섹터와의 관계

워커즈콜렉티브는 정부나 기타 공공 조직으로부터 독립된 시민 단체이다. 목적 및 지역사회에 대한 책임을 다하는 데 필요한 사업은 사업 분야를 명확히 한 후에 공공 섹터와의 연계를 추진한다.

이런 가치와 원칙을 토대로 한 일본의 워커즈콜렉티브 운동은 올해로 37년을 맞이했습니다. 2014년 이 책이 출판된 이후에도 다양한 워커즈콜렉티브가 탄생했습니다.

일본에서 이 책이 출판되었을 때, 한국에서는 2012년에 협동조합기본법이 제정되어 출자금과 관계없이 5명이 모이면 신고만으로 협동조합을 자유롭게 설립할 수 있게 되어, 1년에 3,000개가 넘는 협동조합이 만들어지고, 1만 명이 넘는 고용을 만들어 냈다고 들었습니다. 정말 부럽기 그지없습니다.

WNJ는 1995년 창립 이래, 일하는 사람의 협동조합을 규정하는 법률 제정을 목표로 활동을 계속해왔습니다. 아직 일본은 워커즈콜렉티브라는 조직과 노동 방식을 규정하는 법률이 없습니다. 2017년부터 법제화를 위한 움직임이 조금씩 진전되고 있습니다. 노동자가 자발적으로 협동하여 노동하고, 사업을 해나가면서 각자의 워크 라이프 밸런스를 유지하며, 의욕과 능력에 맞춰 일하고, 양질의 노동(decent work)을 실현한다. 이런 사람들이 출자하고 운영하고 사업을 펼쳐나가는 것을 통해 지속 가능한 지역사회를 만들어 가는 데 공헌하는 조직임을 말해 주는 법률이 제정되기를 고대하고 있습니다.

빈곤과 양극화가 점점 더 확대되고 있습니다. 왜곡되고 균열된 사회 속에서 고통 받는 사람들이 남녀노소를 불문하고 늘고 있습니다. 앞으로 더

욱더 우리와 같은 노동 방식과 단체가 지역사회를 만들어 나가는 데 필요해질 것입니다.

워커즈콜렉티브와 거기서 일하는 사람을 늘려 나가기 위해서는 워커즈콜렉티브를 보다 더 사회화해야 합니다. 노동 방식만이 아니라 지역의 존재 방식도 바꿔나갈 사회적 연대 경제의 담당자라는 자각을 가지고 앞으로도 워커즈콜렉티브 운동을 확대해 나가고자 합니다.

자신의 존재 의의를 느낄 수 있고, 자기답게 노동하며, 자기답게 살 수 있는 것이 워커즈콜렉티브입니다.

일본에는 400개가 넘는 워커즈콜렉티브가 있습니다. 1만 명이 넘는 구성원이 서로 의지하며 일하고 있습니다. 노동 방식, 분배 방식도 개성이 넘칩니다.

거기에는 하나하나 스토리가 있습니다. 어떤 생각으로 만들었고, 어떤 어려움을 겪었는지, 자기답게 일한다는 것은 어떤 것인지, 책을 읽는 분들에게 전달되어 조금이라도 도움이 될 수 있기를 바랍니다.

4장에서는 워커즈콜렉티브의 설립과 운영 방법에 대해서도 알기 쉽게 설명해 놓았습니다.

부드러우면서도 강한 워커즈콜렉티브의 이야기가 한국에서 워커즈콜렉티브가 만들어지는 데 자그마한 불씨가 되기를 기원합니다.

지속 가능한 지역사회를 만들어 가는 주체인 '워커즈콜렉티브'가 한국에서도 만들어져 일본과 한국의 '워커즈콜렉티브가 교류'하는 날이 오기를 기대하겠습니다.

지금 여기 있는 미래를 만나다

김아영

전 아이쿱소비자활동연합회 회장, 참여하고 행동하는 소비자의 정원 대표

필요한 것, 또는 이런 게 있으면 좋겠다고 생각하는 것을 사업 아이템으로 삼아 뜻이 맞는 사람과 창업해 지역에서 즐겁게 살고 싶은 사람은 많을 것입니다. 아마 지금 이 순간에도 그 꿈을 이루기 위해 노력하는 사람도 있을 것입니다. 그런데 참 쉽지 않은 일이란 생각이 듭니다. 창업과 협동 그리고 지역에서 즐겁게 살기…. 하나씩 나눠 생각해 보아도 어느 하나 만만치 않습니다. 그걸 동시에 한다니, 뜻은 좋지만, 현실적으로는 어렵다고 생각하는 사람들이 더 많을 겁니다.

이 책을 읽으며 행복했던 이유가 거기에 있습니다. 실제 그렇게 살고 있는 사람들의 생생한 이야기를 읽다 보면 저절로 미소 짓게 됩니다. 맛있고 건강한 기숙사 급식을 만드는 엄마들, 웃으며 건강하게 노후를 보낼 수 있도록 돕는 사람들, 아이들과 신나게 동화를 읽는 사람들, 사업을 하

는 사람들을 돕는 사람들의 이야기는 우리가 한 번쯤은 상상해 봤을 일들입니다. 그런 일이 실제로 이루어지고 있을 뿐만 아니라, 거기에서 일하는 사람들이 주체가 되어 노동의 의미를 새롭게 만들어 가고 있습니다. 각자 자기답게 일하고 서로 존중하며 일터를 넘어 자신이 살고 있는 삶의 터전을 가꾸는 사람들의 이야기는 우리의 마음을 희망으로 설레게 합니다. 그동안 마음은 있는데 예상되는 현실적인 어려움 때문에 주저했던 사람들에게 이 책은 두려움을 이기고 용기를 내는 데 큰 힘이 되어 줄 것입니다.

진솔하고 긍정적인 이야기 속에서도 자꾸 눈길이 가는 것은 지속 가능성에 대한 이들의 고민입니다. 좋은 마음으로 시작했지만, 현실은 녹록지 않고 크고 작은 언덕을 넘으면 다시 또 다른 장애물들이 앞에 놓여 있습니다. 특히 창업 세대를 이어 줄 다음 세대에 대한 고민은 다른 사람들의 경험을 통해 배움을 얻고자 하는 사람들에게 중요한 이정표가 될 것입니다. 삶은 늘 현재 진행형이기 때문에 필요한 일이 달라질 수 있고, 문제를 푸는 열쇠의 모양도 바뀔 수 있습니다. 누군가 열어 놓은 문 뒤에 나타난 또 다른 문을 열어 줄 새로운 사람이 필요할 수도 있습니다. 이미 꿈을 현실로 만들기 위해 출발한 사람들에게 이 책은 먼저 시작한 사람들이 전해 주는 예상 문제지가 되어 줄 것입니다. 인간은 계속 새로운 형태의 협동을 만들어 간다고 했던 크로포트킨의 말처럼, 새로운 길을 나서는 사람들과 이미 길을 지나온 사람들이 함께 더불어 행복해지는 방법을 만들어 갈 것입니다.

우리가 즐거운 상상을 할 수 있게 도와주는 이 책은 아이쿱생협 조합원들로 구성된 일본어 번역 모임 '연리지'에서 번역했습니다. 연리지 회원들은 모두 직접 생활 속에서 협동을 꿈꾸고 만들어 가는 사람들입니다. 이들이 들려주는 이야기는 지금 여기에 있는 미래를 만나게 해 줍니다. 우리에게 꾸준히 새로운 이야기를 들려주는 연리지 회원들에게 진심으로 감사하는 마음을 전합니다.

미야노 요코(宮野洋子)

전 워커즈콜렉티브네트워크재팬 대표

직접 할 일을 찾아내서 창업한다. 이런 생각을 해 본 적이 있는가?

일반적으로 취직이라고 하면 회사나 매장에 고용되어 일하는 것을 떠올린다. 이 책에서는 고용하거나 고용되는 일반적인 형태와는 다른 일터, 그리고 그곳에서 일하는 사람들을 소개한다. 본문에서 소개하는 워커즈콜렉티브(Workers' collective)라는 노동 방식은 조금 특이하다. 일할 사람들이 일터를 만들고, 일하는 사람들이 경영도 하며, 자본금도 같이 출자한다. 자신이 사는 지역에 필요한 서비스를 사업으로 삼는다.

일본 전국에 이미 400곳 이상, 1만 명 넘는 사람들이 이러한 방식으로 일하고 있다. 업종도 다양하다. 필요하다고 생각한 것, 있으면 좋을 것 같은 것을 사업 아이템으로 삼고 자신이 받고 싶은 세심한 서비스를 제공하기 때문에 다양한 일자리들이 생겨난다. 고용되어 상사가 시키는 일을 하거나 매뉴얼에 따라 일을 하는 곳이 대부분인데, 동료와 함께 지혜를 짜내고 특기를 살려 함께 논의하면서 일하는 이 방식이 얼마나 기분 좋고 보람 있는지 공감할 수 있기를 바란다.

나도 스무 해 전에 치바현 노다시에서 동료 6명과 리사이클 가게를 시작했다. 2005년에는 레스토랑 사업도 시작했다. 또 생활 속에서 만나게 되는 어려운 일을 해결해 주는 사업도 하고 있다. 동료와 함께 상의하고 지혜를 짜내면서 사업을 해나가고 있다. 함께 일하는 동료 중에는 육아 중인 사람, 부모 간병을 하는 사람, 장애가 있는 사람, 노인, 일하는 데 어려움이 있는 사람, 젊은이들도 있다. 서로를 존중하고 회의를 거듭해 나가는 가운데 상부상조의 마음이 생겨나 단순히 같은 직장에서 일하는 동료 이상의 관계가 만들어졌다.

현재 전국에는 홋카이도에서 큐슈까지 많은 워커즈콜렉티브가 있다. 이들은 광역지자체 단위로 연합 조직을 만들어 연대하고 있다. 이런 전국의 워커즈콜렉티브와 네트워크하여 연계의 장을 만들고 창업 지원을 하는 곳이 워커즈콜렉티브네트워크재팬(WNJ)이다.

이 책을 읽는 여러분이 워커즈콜렉티브에 관심을 가져 주고, 꿈을 실현하는 수단으로 워커즈콜렉티브를 선택해 주기 바란다.

차 례

1장
협동으로 함께 일자리를 만들자

'함께 일자리를 만드는 것'은 힘든 현실을 이겨내는 돌파구

활기찬 노동이 개인의 삶과 사회를 풍요롭게 만든다

일하고 싶어도 일할 수 없는 사람이 늘고 있는 현대 사회에서

젊은이, 장애가 있는 사람, 노인, 여성 누구나 건강하게 일할 방법은 없을까?

고도 성장기, 젊은 세대가 노동자로 존중 받던 시대로부터 50년이 지났다. 노동 환경은 일변하여 젊은 세대의 실업률이 더 높은 힘든 시대가 되었다. 회사에 고용되고 나면 그 선택권은 언제부턴가 기업 측으로 넘어갔고, 회사에서 일하기 위해서는 그곳의 조건에 자신을 맞춰야 하는 시대가 되었다. 내가 하고 싶은 일, 내 능력을 살릴 수 있는 일이 회사의 방침과 일치한다면 더할 나위 없이 행복할 것이다. 하지만 그런 사람이 얼마나 될까?

불안정한 비정규직 고용의 증대

지인의 딸이 이직했다. 지인의 딸은 스물여덟 살 미혼으로 부모님과 함께 살고 있다. 대학 졸업 후 스포츠클럽(주식회사)에 취직했지만 정규직

은 아니었다. 접수와 사무 아르바이트를 하다 시험을 봐서 인턴이 된 지석 달이 안 되었을 때 이직을 했다. 주말에도 일하고 영업 시간이 밤 11시까지여서 퇴근도 늦는데, 일에 비해 월급이 적어 늘 힘들어 했다.

요즘은 편리하게도 이직을 도와주는 회사가 있어서 등록하면 원하는 직장을 계속 소개해 준다. 수수료는 구인을 원하는 회사가 내고 구직자는 무료로 이용한다. 지인의 딸이 이직한 회사는 아이러니하게도 기업의 인사와 관련된 일이나 재취업을 지원하는 회사였다.

입사 조건을 살펴보았다. 역시 정규직이 아닌 계약직이었고 6개월마다 계약을 갱신하게 되어 있었다. 주 5일 근무로 월급은 233,000엔, 상여가 2회이고 사회보험에는 가입할 수 있지만 퇴직금이 없었다. 직장에는 젊은 사람이 많다고 하는데 오래 일하기는 어려운 직장일지도 모르겠다.

후생노동성건강·의료, 아동·육아, 복지·요양보호, 고용·노동, 연금에 관한 정책 분야를 소관하는 일본의 행정 기관 – 옮긴이 홈페이지에는 다음과 같은 내용이 실려 있다(2013년 11월 현재).

- 비정규직 고용이 노동자 전체의 3분의 1을 넘어 사상 최고 수준을 기록했다.
- 특히 15~24세 젊은 층에서 1990년대 중반부터 2000년대 초반에 걸쳐 크게 상승했다.
- 고용 형태별로 보면 최근 계약직이나 파견 사원이 증가하고 있다.

1980년대까지는 학교를 졸업하고 회사에 정규직으로 입사해 남성은 정년퇴직 때까지 일하고 여성은 20대 후반에 결혼해 퇴직하는 것이 일반

적이었다. 하지만 지금은 다르다. 비정규직 증가로 수입이 낮은 사람이 늘어나면서 비혼율도 상승하고 있다. 한 회사에서 정년까지 일하는 사람이 줄었다는 것은 일을 찾아 헤매는 사람이 많아졌다는 의미이기도 하다. 기초생활수급자는 215만 명을 넘어서 제2차 세계대전 직후 혼란기의 201만 명을 넘어섰다.

대학생들의 어려운 취업 활동

극심한 취업난으로 자살하는 20대 젊은이들이 2009년 이후 해마다 1,000명을 넘고 있다. 입사 시험은 입학 시험과 달리 판단 기준이 명확하지 않기 때문에 면접에서 수십 번 떨어지면 자신의 존재 자체를 부정하게 된다.

특정비영리활동법인* 자살대책지원센터 라이프링크가 2013년에 243명의 대학생(대학원생, 전문학교 학생 포함)을 대상으로 조사한 '취업 활동에 관한 의식 조사'에 따르면 취업 활동 중에 "죽고 싶다, 사라지고 싶다고 생각한 적이 있다."고 대답한 사람이 21퍼센트나 되었다. 생활이나 수

* 특정비영리활동법인
10인 이상이 되어야 하고 행정 인가가 필요하다. 활동 분야가 특정되어 있다. 출자는 할 수 없지만 회비나 기부금을 모을 수는 있다. (특정비영리활동 촉진법)

입 안정을 위해 70퍼센트의 사람이 정규직이 "꼭 되고 싶다."며 취업 활동을 하고 있지만, "취직이 안될지도 모른다, 나만 남겨질 수 있다."는 불안을 안고 있다.

기업에서 보내는 "이번에는 안타깝게도 채용을 보류하게 되었습니다. 심사 결과에 대한 문의는 받지 않습니다. 양해 부탁드립니다. 앞으로의 활약을 기원합니다."라는 불합격 메일을 '오이노리기원의 의미로 마지막에 쓰는 '기원합니다'라는 말을 따와 젊은이들 사이에서 사용하는 은어 - 옮긴이 메일'이라고 하는데, 채용이 결정될 때까지 몇 통씩 받게 된다. '사일런트 오이노리'는 그 메일조차 받지 못하고 무시된다는 것을 가리키는 말로, 20퍼센트의 학생이 10회 이상 경험하고 있다.

기업의 이런 불성실한 태도가 학생들의 불안을 한층 부추겨 "개선이 안되는 사회다." 56.6퍼센트, "정직한 사람이 바보 취급 당하는 사회다." 68.9퍼센트, "그다지 희망이 없는 사회다." 63.3퍼센트로 사회에 대한 부정적인 인식을 갖게 만든다. 20대 젊은이들이 이런 비장함을 느끼지 않고 직장을 선택할 수는 없는 걸까?

장애가 있어도 일하고 싶다

젊은 세대뿐만 아니라 장애를 가진 경우에도 일자리를 찾기가 어렵다. 후생노동성의 2011년 조사에 따르면, 18세 이상 신체 장애인은 385.9만 명, 지체 장애인은 57.8만 명, 정신 장애인은 301.1만 명(20세 이상)으로 합계 744.8만 명에 달한다. 그중 64세 미만으로 가정에서 생활하는 취업 지원 대상자는 332만 명인데, 고용된 장애인 수는 38.2만 명(2012년)으로 전체 12퍼센트에 지나지 않는다. 후생노동성은 직원이 50명 이상인 기업은 2.0퍼센트, 국가·지방공공단체는 2.3퍼센트, 광역지자체의 교육위원회는 2.2퍼센트로 장애인 고용 비율을 정해 놓고 있지만, 달성한 기업은 46.8퍼센트(2012년)로 절반도 안 된다. 조금씩 늘고 있지만 여전히 어려운 상태이다.

또한 내각부에 따르면 15~34세 사이의 무직자, 즉 집안일도 통학도 하지 않는 사람이 매년 60만 명을 넘는다. 주요 원인을 살펴보면 "질병이나 부상, 학교 이외의 곳에서 자격증 취득을 위한 공부 중, 일자리가 없음, 자신이 없음." 등이다. 그리고 젊은이가 이른바 '은둔형 외톨이'가 된 이유를 보면 "직장에 적응하지 못했다, 취직 활동이 잘되지 않았다, 등교 거부, 인간관계가 잘 풀리지 않았다." 등이 많았다. 기업이 요구하는 틀에 들어가지 못하고 점점 포기해 가는 모습들을 볼 수 있다.

나이가 들어도 계속 사회와 관계 맺기를

고령자는 어떨까? 내각부 조사에 따르면 65세 이후로도 계속 일하고 싶어 하는 사람이 많으나, 60대 후반 취업률은 36.3퍼센트에 머물고 있다. 65세로 퇴직하고 싶다고 답한 사람은 28.9퍼센트에 불과했고, 일할 수 있을 때까지 일하고 싶다는 사람이 36.8퍼센트로 더 많았다. 실제로 65세에 정년퇴직을 해도 아직 체력과 판단력이 살아 있는 사람이 대부분인데 집에만 있기는 아깝다. 건강 유지를 위해서라도 사회와 관계를 맺으며 보람을 느끼는 것이 중요하다.

그렇다면 어떤 노동 방식이 바람직할까. 60세 이상이 일자리를 선택할 때 가장 중시하는 것이 무엇인지를 보면, 남성의 경우 '경험을 살릴 수 있는 일'이 28.3퍼센트로 가장 높았고, 여성은 '체력적으로 힘들지 않은 일'이 23.2퍼센트로 가장 많았다. 2006년과 2011년의 조사 결과를 비교해 보면, 남녀 모두 수입이 가장 중요하다고 말하는 사람이 늘었다. 즉 무보수 자원봉사가 아니라 일정한 수입을 희망하는 사람이 늘었다는 것이다. 하지만 고령자를 배려해 주고 능력을 살리면서 돈도 벌 수 있는 직장이 얼마나 될까?

육아 · 부모 간병과 일의 양립

M자형 커브라는 말을 들어 본 적이 있는가. 일본 여성의 노동력 비율은 29세까지 높고 30~40세 때에 낮아지다가 이후에 다시 높아지는 그래프 형태를 보이는데, 이것이 외국과 비교해 특징적이어서 부르는 말이다.

30~40세 여성 노동력 비율이 약 10퍼센트 낮아지는 이유는 결혼과 출

산을 계기로 퇴직하는 여성이 많기 때문이다. 후생노동성에 따르면, 임신 전부터 무직인 사람과 출산을 계기로 퇴직하는 사람을 합치면 여성의 약 70퍼센트가 경력 단절을 겪는다고 한다. 그 이유로는 "근무 시간이 맞지 않다, 일과 육아의 양립을 지원하는 분위기가 아니다, 체력이 따라가지 못한다."가 많고, 그 외 "육아 휴직을 쓸 수 없다, 아이가 아플 때마다 휴가를 내야 한다, 어린이집에 자리가 나지 않아 맡길 수 없다." 등을 들고 있어 육아와 일을 병행하는 것이 어려운 환경임을 알 수 있다. 출산 후 10년 정도 지나면 여유가 생기기도 하고 교육비 등 수입이 필요해져서 다시 일을 시작하게 된다.

그러나 55세 이상이 되면 노동력이 떨어진다. 본인의 체력과 나이 때문이기도 하고, 부모 간병 때문에 퇴직하는 경우도 많다. 2009년 후생노동성 조사에 따르면, 현재 가족을 돌보고 있는 30~64세 남녀 3,676명 중 일을 계속하고 있는 사람은 49퍼센트(남성 59퍼센트, 여성 42퍼센트), 이직한 사람은 25퍼센트(남성 24퍼센트, 여성 26퍼센트), 퇴직한 사람은 26퍼센트(남성 17퍼센트, 여성 32퍼센트)로 절반 정도는 이직이나 퇴직을 할 수밖에 없는 상황이다. 그 원인으로는 "노동 시간이 길다, 출퇴근 시간을 개인 사정으로 바꿀 수 없다, 간병 휴직을 낼 수 없다." 등을 들고 있어 일과 부모의 간병을 양립할 수 없는 환경임을 알 수 있다.

육아와 부모 간병을 지원하는 구조가 갖춰져 가고 있기는 하지만 아직 부족하다. 육아라는 중요한 시기에 아이와 마주하는 시간을 많이 가지면서 일도 계속해 나갈 수는 없는 것일까? 그동안 돌봐 온 가족과 노후에 함께하는 시간을 우선순위로 두면서 일을 계속해 나가기란 어려운 것일까?

일터를 만든다는 것

이러한 교착 상태에서 빠져나오려면 어떻게 해야 할까?

고용자 측의 선택이 우선시 되는 사회 상황에서 자신의 생각이나 상황과 맞지 않아 일자리를 얻을 수 없다면 '창업'이 하나의 방법이다. 취업이 어려우면 직접 일을 만드는 것이다. 그러나 이런 일을 혼자서 할 수 있는 사람은 많지 않다. 자신이 사장이 되어 사업 구상을 하고, 함께 일할 사람을 찾고, 이윤을 취할 수 있는 사업을 혼자서 책임 지는 방식이 맞는 사람과 맞지 않는 사람이 있다.

주식회사 아이셰어가 2010년 20~40대 남녀 426명에게 실시한 조사에 따르면, "창업에 필요한 준비가 처음부터 모두 갖춰져 있지 않으면 창업이 어렵다고 생각하는가?"라는 질문에 "매우 어렵다."가 25.6퍼센트, "다소 어렵다."가 52.1퍼센트로, 창업은 어렵다고 생각하는 사람이 약 80퍼센트에 달했다. "자신이 창업한다고 할 때 창업자로서 필요한 것은 무엇인가."라는 질문에 대해서는 "높은 소통 능력, 자본 조달 노하우, 창의적인 아이디어, 폭넓은 인맥, 뛰어난 사업 감각"이라고 대답한 사람이 과반수였다. 혼자서 이런 조건을 다 갖춰야 한다고 생각하면 당연히 '회사를 차리는 것은 무리'라 느낄 것이고 창업 장벽은 높아질 것이다. 그러나

"전문적인 지원 체제가 더 발달하면 창업하고 싶어 하는 사람이 늘어날 것으로 보는가"라는 질문에는 "상당히 늘어날 것이다."가 21.4퍼센트, "조금 늘어날 것이다."가 62.7퍼센트로, 80퍼센트 이상이 창업하기 쉬워질 거라고 보았다.

이 조사는 어디까지나 '내가 창업한다면'이라는 전제에서 지원 체제에 대한 기대감이 높게 나온 것인데, 창업 장벽을 낮출 수 있는 또 다른 방법이 있다.

바로 협동하여 사업을 시작하는 방식이다. 자금과 경험과 열정을 가진 몇 명이 모여 함께 일하기 쉬운 직장을 만드는 것이다. 우리가 30년 전부터 실천하고 있는 워커즈콜렉티브(일하는 사람들의 협동조합)라는 방법이다. 사업가가 되려 했던 것도 아니고 평범하게 생활하던 중에 어떤 만남이 계기가 되어 창업하거나 경영을 맡아 일하게 된 것이다. 자신이 일할 일터를 만드는 동시에 지역의 과제들을 해결하려는 일터란 어떤 곳일까. 2장과 3장에서 구체적인 사례를 소개해 보겠다.

2장
마음만 있으면 어떤 일이든 창업으로 연결된다

'어? 이런 일도 가능해?' 전국으로 확대되는 워커즈콜렉티브

일자리를 만들고 경영은 함께 의논해서
해 나가고 상사가 없는 직장이라니 도대
체 어떤 곳일까. 전국에 흩어져 있는 400
개의 워커즈콜렉티브 중 몇 가지 업종을
골라서 소개한다.

워커즈콜렉티브 마도리 홋카이도

생활클럽생협 식자재로 기숙사 급식 만들기 10년

삿포로시에서 활동하는 '워커즈콜렉티브 마도리'는 기숙사에 사는 58명 학생의 식사를 맡아서 만든다. 안전한 식자재를 사용하고 합성 세제가 아닌 천연 세제를 사용하는 등 일의 내용에도 특색이 있다. 일상 업무와 운영에 대해 마도리 구성원들에게 물었다.

학생들이 안심하고 맛있게 먹을 수 있도록

마도리는 이탈리아어로 '엄마들'이라는 뜻이다. 부모와 떨어져 사는 호쿠세이재단 여자중고등학교 스미스기숙사 학생들에게 하루 세 끼 식사를 제공한다. 취재하러 방문한 4월 4일은 마침 기숙사 입소식 날이었다.

"신입생에게 4월이란 처음 겪는 2인실 생활에 엄마가 아닌 다른 사람이 만든 요리를 먹는 등 생소한 경험으로 약간의 문화적 충격을 받는 시기예요. 금방 적응하기는 하지만 음식을 통해 조금이라도 힘을 얻었으면 하는 마음으로 임하고 있죠."라고 토가시 마사코(富樫正子) 대표(62세)가 말했다.

그날 저녁 메뉴는 카레라이스, 감자샐러드, 요거트였다. 오후 5시, 기숙사 안은 식욕을 자극하는 매콤한 향이 감돌기 시작했다. 테이블에는 학생 수만큼의 감자샐러드가 놓여 있고 리필 가능한 많은 양의 음식도 준비되어 있었다.

평일 아침 식사는 7시, 저녁 식사는 오후 5시 30분에 식당에서 한다. 시간이 바뀌기는 하지만 주말과 공휴일에도 식사가 제공된다. 점심은 도시락 상자에 넣어 교실로 배달한다. 또한 동아리 활동의 아침 연습이나 시합 시간에 맞춰 평소보다 30분 일찍 아침 식사를 준비한다거나 주먹밥을 만들어 가져가게 하는 등 학생들의 요구에도 맞춰 주고 있다.

기본적으로는 생활클럽생협*의 식자재를 사용하고 여름에는 지역 채

* 생활클럽생협

1965년, 토쿄에서 생활클럽이 결성되어 우유 공동 구입을 시작했다. 1968년, 생활클럽생협을 창립하고 '반별 예약 공동 구입'을 시작한 후 전국으로 확대되어 2013년 현재 21개 광역지자체에 32개 생활클럽생협이 있다. 식품이나 생활용품을 공동 구입할 뿐만 아니라, 지역 정치에 적극 개입하기 위해 의회에 시민을 보내는 '대리인 운동80쪽 '네트워크운동' 참고-옮긴이'이나 노동을 자치하는 '워커즈콜렉티브 운동'을 조합원이 생협과는 별도로 펼치고 있는 점이 세계적으로 높은 평가를 받고 있다.

소를 이용한다. 돼지고기는 사육 방식이나 안전한 사료를 먹였는지도 고려한다. "이모, 이 고기 맛있어요.", "이 달걀은 날로도 먹을 수 있겠어요." 등 학생들은 바로바로 반응한다고 한다. 졸업할 때는 혼자 생활할 때 조금이라도 도움이 되도록 인기 있는 반찬이나 주로 나오는 요리의 조리법을 선물한다.

도시락 15인분을 5명이 만든다고?

스미스기숙사는 식사를 담당하던 직원이 2003년에 정년퇴직하면서 외부업자에게 급식을 위탁했다. 그러나 식사 내용에 문제가 많아 학교는 검토를 거듭한 끝에 생활클럽생협의 식자재로 급식을 만들어 줄 수 있는지 홋카이도워커즈콜렉티브연락협의회에 문의를 했고, 2004년 1월 마도리가 만들어졌다. 13명이 모였는데 대부분 조리를 전문으로 한 이들이 아니었다.

일을 시작하고 며칠 안 되었을 때 "스키 수업이 있으니 아침 식사 후에 주먹밥과 반찬을 만들어 달라."고 학교에서 요청해 왔다. 그날 아침에는 주방에 5명이나 있었는데 일이 서툴러 "15인분밖에 안 되었는데 시간에 맞추지 못했다."며 설립 당시 대표였던 하시무라 토모코(橋村智子) 씨(56세)가 웃으며 말했다. 경험이 쌓인 지금은 기숙사생이 늘어도 일손을 늘리지 않고 감당할 수 있게 되었다.

운영의 비결은 차분히 서로 이야기하는 것

근무는 대체로 3교대이다. 적게 일하는 사람은 주 2회, 많이 일하는 사람은 주 4, 5회 일한다. 아침 준비는 5시 30분부터 두 사람이 시작하고 9시에 두 사람이 더해진다. 오후 1시가 되면 처음 두 사람은 일이 끝난다. 4시부터는 저녁 준비가 시작된다. 일이 모두 끝나면 밤 9시가 넘는다.

"육아가 끝났나 싶으면 이번에는 부모님 간병이 기다리는 등 구성원들의 집안 사정은 저마다 달라요. 개인의 근무 방식을 존중하면서 서로를 보조하는 것이 중요하죠. 할 수 있는 한 오래도록 즐겁게 일하고 싶어요." 라고 토가시 씨는 말했다.

인건비는 시급제이고 교통비, 아침, 저녁 수당도 지급한다. 월 1회 회의를 열어 운영이나 근무 시간에 대해 논의한다. 시간을 들여 회의를 거듭하는 가운데 직원 도시락 판매나 장애인 작업장에 음식물 쓰레기 퇴비화를 위탁하는 등 새로운 사업 구상과 제안이 나온다. 지금 과제는 음식물 쓰레기를 어떻게 줄일 것인가인데 매일 고민 중이다.

10년을 맞이하며

"워커즈콜렉티브에서 일하는 장점은 주체적으로 사업을 할 수 있는 것" 이라고 카나자와 유리(金澤百里) 씨(62세)는 말했다. 기숙사에서는 예전에

멜라민 식기를 열탕 소독해 사용했는데 환경 호르몬이 우리 몸에 미치는 유해성 등을 학교에 설명해 도자기 그릇으로 바꿀 수 있었다. 기숙사 안의 핸드워시도 선생님과 의논해 천연 비누로 바꿨다.

2014년 1월에 마도리는 설립 10주년을 맞았다. 아무런 실적도 없던 단체였기 때문에 신뢰를 얻으려면 제대로 업무 실적을 쌓아야 했다며 앞으로도 기대에 부응할 수 있도록 더 열심히 하겠다고 토가시 씨는 의욕을 보였다. "식단은 교대로 당번을 정해 두 달마다 짜고 있어요. 담당자가 바뀌면 새로운 메뉴가 들어가기도 하고 매너리즘을 예방하는 대책도 되죠. 레스토랑에서 식사할 때나 TV 요리 프로그램을 볼 때면 식단에 사용할 수 있는 메뉴가 없는지 항상 안테나를 세우고 있어요."

"전국에 이런 워커즈콜렉티브가 만들어지면 좋겠어요. 꼭 견학하러 오세요."

주방에서 잠시 일손을 멈추고 이야기를 들려준 마도리 사람들의 표정은 밝았다. 개개인의 노동 방식을 존중하고 함께 발전해 가려는 마음이 통하고 있다는 것을 느낄 수 있었다.

취재, 글 타니야마 마사에(谷山真佐枝)

특정비영리활동법인 워커즈콜렉티브 마도리 ワーカーズ・コレクティブ まどり

설립 연도: 2004년

사업 내용: 학교 부속 학생 기숙사 급식

사업 매출: 약 2,210만 엔(2012년도)

구성원 수: 13명

주소: 17-2-5 Hokusei Gakuen Smith Dormitory, Minami4-jo nishi, Chuo-ku,
　　　 Sapporo-shi, Hokkaido, 064-0804, Japan

TEL/FAX: 011-512-0906

http://madori.sakura.ne.jp/

안전하고 맛있는 먹거리 제공

워커즈콜렉티브 완모어 토쿄

교대로 대표를 맡아 정신을 이어가는 도시락집

가게 앞에 설치된 태양광 패널

후추시에서 수제 도시락을 만들어 판매하는 '기업조합* 워커즈콜렉티브 완모어'는 지역 시민 단체와의 연대를 중시한다. 발전용 태양광 패널은 환경 활동의 일환으로 시민 단체와 함께 직접 만들었다. 계산대에서 사용하는 전기는 이 태양광으로 조달한다.

방문한 날은 토요일 오전 9시가 조금 지난 시간이었는데 1차 배달차가

---

* 기업조합

4인 이상 조합원이 되어 출자하고 일하는 비영리법인. 1인 1표의 권리가 있고 협동조합법으로 규정되어 있지만 일반 과세 대상이다. 행정 인가가 필요하다. (중소기업등협동조합법)

벌써 출발한 뒤였다. 주방에서는 타케카와 이츠코(竹川伊都子) 씨(57세)와 마츠자카 카즈코(松阪和子) 씨(54세)가 11시에 배달할 도시락을 한창 만들고 있었다. 쓸데없는 움직임이 없고 서로에 대한 신뢰가 배어 있는 숙련된 몸놀림이었다. 배달에서 돌아온 코바야시 카즈코(小林和子) 씨(57세)가 합세하자 주방은 더욱 활기를 띠었다. 2차 출발 시간이 되었다.

'우리의 고집스러운 마음'을 이해해 주는 손님들의 지지

오늘은 피망 안에 고기를 채운 반찬이 메인이다. 그 밖에 가지, 버섯, 오크라 튀김 조림, 중화 샐러드, 나물 무침, 절임이 들어간 도시락 가격은 525엔이다. 공장에 납품하는 도시락은 일하는 젊은 남성들이 먹을 거라 밥은 곱빼기이고 무침이나 샐러드도 듬뿍 담는다.

저농약 쌀과 채소, 사료나 축산 환경까지 신경 쓴 돼지 · 닭 · 달걀, 천연 발효 된장과 간장 등 엄선된 국산 재료를 쓰고 있었다. 원가가 걱정되어 나도 모르게 "수지가 맞나요?"라고 물었다. "엄마의 마음이라 그런지 그냥 가득 담게 돼요."라며 후지이 유키코(藤井由紀子) 씨(60세)가 웃으며 대답했다.

"돈을 버는 것보다 안심할 수 있는 재료로 만든 균형 잡힌 식단, 매일 먹고 싶어지는 도시락을 배달하는 것이 중요해요. 이러한 우리의 고집스러운 마음을 이해해 주는 손님들이 계셔서 여기까지 올 수 있었죠."라고 후지이 씨가 말했다. 값싼 도시락이 넘쳐나는 가운데 660엔 도시락을 지속하는 데 한계가 있어, 525엔 도시락과 510엔짜리 완모어의 명물 미소카츠 덮밥, 드라이카레 덮밥 등 새로운 도시락을 개발해 대응하고 있다.

시중 도시락을 먹으면서 식품 안전?!

완모어의 구성원은 현재 12명이다. 대부분이 설립 때부터 함께한 사람들로 18년간 사업을 이어오고 있다. 시작은 1992년 생협 회의로 거슬러 올라간다. '점심으로 먹는 시중 도시락은 첨가물 덩어리이다. 플라스틱 도시락에 시뻘건 비엔나소시지를 먹으면서 식품 안전과 쓰레기 문제를 논하는 것은 모순'이라고 느낀 당시 위원 타케카와 씨와 후지이 씨가 발기인*이 되어, "안심하고 먹을 수 있는 맛있는 도시락 가게를 만들어 함께 일해 보자."고 주위에 권유하면서 시작되었다.

이듬해부터 관심을 보인 사람들과 회의 때 먹을 점심을 만들기로 했다. 5명이 준비 모임을 꾸리고 토쿄에 있는 도시락 제조 워커즈콜렉티브에서 연수도 받은 후 1995년 4월, 14명이 지금의 장소에 가게를 열었다.

* 발기인
워커즈콜렉티브 설립을 제안하는 사람. 필요한 사업을 시작하기 위해 구성원을 모아 조직(준비 모임)을 만든다. 정관 만들기 및 설립에 필요한 절차를 밟고 자금을 모으는 등 설립까지의 작업을 추진한다. 설립 후 발기인은 구성원으로서 함께 사업에 참여하는 것을 기본으로 한다.

완모어라는 이름은 타케카와 씨가 지었다. 동화 속에서 아기 곰이 그릇을 내밀며 "더 주세요(more)."라고 하는 모습에서 따온 것이라고 한다.그릇(椀)의 일본어 발음이 완으로, 뒤에 more가 붙어서 완모어가 된다-옮긴이. 독특한 이름 덕택인지 지역에 조금씩 알려지면서 주문하는 손님이 늘어났고 점차 자리를 잡아 갔다.

대표는 투표로

완모어에서는 2년마다 대표를 바꾼다. 선거로 대표를 뽑는 것이 완모어의 방식이다. 구성원이 모두 경영에 참여하고 결정권을 갖는다. "다른 사람의 의견에 귀를 기울이고 스스로 생각하며 민주주의를 실현한다."는 설립 이념을 지금도 변함없이 실천하고 있다.

현재 8대 대표를 맡고 있는 카토 루리코(加藤留理子) 씨(56세)의 말을 들어보았다. "내가 대표가 되니까 모두 염려하며 도와줘요. 수직적인 관계라면 진행은 빨리 할 수 있지만, 우리들은 늘 회의를 해서 정하죠. 각자 잘하는 분야에서 리더십을 발휘하는 일은 있어도 명령은 하지 않아요."

설립 당시에는 하루에 도시락 판매 100개가 목표였다. 180개를 판 적도 있지만 지금은 150개 정도 팔린다. 후추시 사회복지협의회의 위탁을 받은 고령자용 저녁 도시락 배달도 줄고 있다. 가격 문제가 크다. 안심할 수 있는 식자재로 정성껏 만든다는 자세에는 변함이 없다. 경영은 힘들지만 젊은 구성원도 조금씩 늘어 세대교체를 잘해 사업을 이어가고자 한다.

나답게 일하기

8년 전, 설립 10주년을 기념하여 만든 문집『완모어 10년의 발자취』에는 당시 카토 씨의 생각이 실려 있다.

"저녁 시간, 가게의 전화가 울릴 때마다 혹시 우리 집이 아닐까 걱정했다. 하루에도 몇 번씩 아이에게서 집으로 와 달라는 전화가 걸려 왔다. "코피 났어, 번개가 무서워." 등등. (중략) 그런 아이가 이제 '완모어'의 차를 보면 손을 흔들어 준다. 작년에는 직업 체험도 왔다. 10년이 눈 깜짝할 사이에 지나갔다."

설립 당시 30대 후반의 젊은이었던 대부분의 구성원이 이제 50대 후반에 접어들었다. 부모와 자신이 나이 들어가는 것과 마주해야 하는 나이가 되었지만, 항상 사회에 관심을 가지고 나답게 일하는 모습이 눈부시다. 일을 대하는 '각오'가 모두의 뒷모습에서 느껴졌다.

취재, 글 츠보이 마리(坪井眞理)

기업조합 워커즈콜렉티브 완모어 ワーカーズ・コレクティブ 椀もあ

설립 연도: 1995년

사업 내용: 도시락 제조, 각종 요리 판매·배달, 후추시 사회복지협의회 위탁 저녁 도시
　　　　　락 배달

사업 매출: 약 3,800만 엔(2012년도)

구성원 수: 12명

주소: 2-7-13 Isizaka Bld., Miyoshi-cho, Fuchu-shi, Tokyo, 183-0045, Japan

TEL/FAX: 042-351-0461

http://wanmoahassin.blogspot.jp/

누구나 나이가 드니까

서로돕기워커즈 엘사 홋카이도

웃으며 건강하게 노후를 보내기 위한 지원

11주년을 맞이하는 '니코핀 클럽'

바다와 숲으로 둘러싸인 이시카리시의 주택가 한쪽에 '특정비영리활동법인 서로돕기워커즈 엘사'가 있다. 엘사는 단독 주택을 빌려 마을의 고령자나 장애인을 지원하는 서로 돕기 사업을 하고 있다.

엘사가 하는 독특한 사업의 하나로, 고령자가 은둔형 외톨이가 되거나 요양보호 등급을 받는 것을 예방할 목적으로 열고 있는 '니코핀 클럽 ^{의성어 '니코니코(싱글벙글)'와 '핀핀(팔팔)'을 줄인 말 - 옮긴이}'이 있다. 이시카리시에서 위탁 받은 사업이다. 시의 복지과와 협력한 지 2013년에 11년이 되었다.

초창기부터 운영의 중심 역할을 맡아 온 스즈키 케이코(鈴木敬子) 씨(57세)에 따르면, 이 사업은 '요양보호인정*'을 신청하지 않았거나 인정을 받지 못한 65세 이상의 특정고령자**를 대상으로 하며 외출 기회가 적고 집에 은둔해 있는 사람들이 모인다고 한다. 가족들과 함께 살지만, 낮에는 대화할 상대가 없거나 이사 와서 이웃과 사귀지 못한 사람들이 많이 온다. 여기에 오면 모두 얼굴을 알게 되고 자연스럽게 대화도 나눌 수 있다.

니코핀 클럽의 하루는 이용자를 집으로 데리러 가는 것부터 시작한다. 오전 10시 30분에는 모두 모여 요실금 등 몸의 기능 저하를 막기 위한 체조를 한다. 몸을 움직이고 나면 식욕도 생기고 함께 모여서 먹는 점심 식사 시간은 즐겁다. 근처에 있는 장애인취업노동지원사무소에서 만든 도시락은 정말 맛있어서 평이 좋다. 오후에는 2시 30분까지 그날의 프로그램에 맞춰 일과를 보낸다. 봄과 가을에는 딸기 따기 체험이나 수족관 하루여행도 가는데 만족도가 높다.

주 1회 참가비는 800엔이고 도시락과 취미 활동 재료비는 본인이 부담한다. 이용하는 사람은 현재 남성 2명, 여성 8명으로 총 10명이다. 엘사에서는 3명이 담당하고 있다. 정말 필요한 지원이 무엇인지 늘 생각하고 개개인의 그날그날의 변화를 살피면서 이용자의 자립 의욕을 해치지 않는

---

* **요양보호인정(요양보호필요인정)**
기초지자체에 노인장기요양보험 서비스 급여 신청이 들어오면 요양보호가 필요한지를 심사하고 등급을 결정하는 것.

** **특정고령자**
요양보호 대상자가 될 위험이 있는 고령자를 말한다. 매년 건강검진과 함께 실시하는 생활 기능 평가에서 '요지원要支援, 요개호要介護 등급으로 발전할 우려가 있다'라는 평가를 받으면 특정고령자가 된다. 특정고령자는 기초지자체의 요양 예방 프로그램을 이용할 수 있다.

환경을 만들기 위해 노력하고 있다.

이용자와 자원봉사자의 격려를 받으며

니코핀 클럽에 와서 대화를 나누고 체조나 수공예를 편하게 즐기다 보면 기운이 없던 사람들도 생기를 되찾는다고 스즈키 씨는 말했다. 동일본 대지진 때 재해를 입었던 사람이 처음 왔을 때는 표정이 어두웠는데, 친척 중에 피해를 입은 사람과 친해지면서 조금씩 그때 이야기를 할 수 있게 되었다고 한다. 얼마 전에는 지금까지 한 번도 본 적 없는 활짝 웃는 얼굴을 보여 주었다. 이용자의 웃는 얼굴은 구성원에게 힘이 되고 일하고자 하는 의욕을 만들어 준다.

니코핀 클럽에서는 구성원들이 아이디어를 내서 기획을 한다. 이를 도와주는 것이 다양한 특기를 가진 시민 자원봉사자들이다. 설날에 사자춤 공연을 해 주기도 하고 다도 체험도 하게 해 준다. 그 밖에도 음악 연주나 천연염색 체험도 있다. "정말 즐거웠다, 처음 해봤다."며 이용자들이 기뻐한다.

자원봉사자들이 참여하면 분위기가 밝아지고, 마을 사람들이 우리 사업을 지지해 주고 있는 기분이 든다고 스즈키 씨는 웃으며 말했다.

지역의 요구를 워커즈콜렉티브로

엘사를 함께 시작한 동료 중 한 사람이자 초대 대표를 지낸 무라타 타에코(村田たえ子) 씨(62세)는 같은 나이대 지인이 부모님 간병을 하는 모습을 보며, '드디어 우리도 그런 나이가 되었구나.'라고 느끼고 있을 때 생협 이사 한 분이 복지 워커즈를 만들어 보지 않겠냐고 제안해 왔다고 당시를 회상했다.

워커즈콜렉티브가 내거는 가치관인 '나답게 일한다', '일이 즐겁다', '지역 사회에 도움이 된다'가 일반 기업과는 다르다는 점이 무라타 씨에게 큰 매력으로 다가왔다. 즉시 동료를 모아 지역에 필요한 서비스가 무엇인지를 약 200곳의 가정을 돌며 조사했다. 지역을 돌며 알게 된 것은 필요한 복지 서비스가 충분하지 않다는 것과 부모님이나 남편의 간병으로 아내와 며느리들이 고생하고 있다는 현실이었다. 여러 번 논의를 거듭한 끝에 아직 제공되지 않는 서비스를 사업으로 삼자고 결정하고 6명이 모여 엘사를 만들었다.

현재 구성원은 22명이고 연령대는 30~60대로 폭이 넓다. 월 1회 정기 회의를 열어 운영과 과제에 대해 논의한다. 구성원들 중에는 육아 중인 사람도 있고 각자 처한 가정 상황이 달라 전일제 근무를 할 수 있는 사람이 한정적이어서 근무 시간표를 짜는 게 쉽지 않다.

"각자의 생활에서 느끼는 과제나 고민을 공유하고, 보다 나은 서비스를 제공하기 위해 노력하면서 사업을 넓혀가고 싶어요. 운영 방식에 대해서는 공통 인식을 갖고 추진해 나가려 하고요."라고 무라타 씨는 말했다.

오랫동안 살아온 마을에서 계속 살아가기 위해

엘사는 내가 살고 싶은 마을이 어떤 마을인지를 그리면서 동료들과 함께 지역에 필요한 서비스를 사업으로 만들어 왔다. '지역교류살롱 엘사'도 "누구나 부담 없이 모일 수 있는 공간이 있으면 좋겠다."는 동료의 목소리에서 시작한 사업이다. 지역에서 월 1회 여는 '교류 모임'으로 4년째를 맞았다. 고령자를 중심으로 다양한 세대들이 모이는 살롱은 멤버들이 사람과의 관계와 지원 방법 등을 배울 수 있는 장이기도 하다.

고령화가 급속하게 진행되면서 길어진 노후는 많은 불안감을 안겨 준다. 하지만 엘사처럼 지역과 깊이 연결되어 서로 의지하며 살아간다는 생각을 가진 워커즈콜렉티브가 많이 생겨나면 오랫동안 살아온 마을에서 웃으며 건강하게 그리고 마음의 여유를 갖고 살아갈 수 있을 것이다.

취재, 글 사사야마 히로코(笹山浩子)

특정비영리활동법인 서로돕기워커즈 엘사 たすけあいワーカーズ エルサ

설립 연도: 1994년

사업 내용: 서로돕기 사업, 요양보험 사업, 요양보호 예방 사업, 자립 지원 사업, 위탁 사업, 재가요양 지원 사업

사업 매출: 약 3,350만 엔(2012년도)

구성원 수: 22명

주소: 1-111, Hanakawa minami 6-jo, Ishikari-shi, Hokkaido, 061-3206, Japan

TEL/FAX : 0133-72-5757/0133-72-5759

워커즈콜렉티브 마도카 카나가와

기업에서 위탁 받아 유료 노인 요양 시설 운영

요코하마시 츠즈키구에 있는 '라이프&시니어하우스 코호쿠'는 주식회사 생활과학운영이 운영하는 유료 노인 요양 시설로 복지 서비스를 제공한다. 요코하마 시영 지하철 센터키타역에서 걸어서 5분 거리에 있는 신도시에 있다.

이 시설은 1999년 12월에 문을 열었다. 5~6층에는 자립해서 생활할 수 있는 분들이 거주하는 방 17개가 있고, 3층과 4층에는 요양보호 서비스를 필요로 하는 분들을 위한 방이 각각 20개와 16개 있다. 2~3층에는 프런트, 식당 겸 다목적실, 욕실, 주간보호*용 공간 등의 공용 공간이 있고, 1층은 보육 시설에 임대하고 있다.

24시간 365일 서비스 제공

'특정비영리활동법인 워커즈콜렉티브 마도카'는 생활과학운영의 위탁을 받아 요양보호 서비스를 필요로 하는 4층 입소자들에게 생활지원 서비스를 제공하고, 독자 사업으로 재가요양지원사업**도 하고 있다. 생활과학운영과는 시설을 열 때부터 계약을 맺어 올해로 만 14년이 되었다. 24시간 365일, 4층 입주자들이 가능한 한 자립해서 생활할 수 있도록 지원하고 낮에는 체조, 게임, 취미, 절기별 행사 등을 기획해 실시하고 있다.

초창기 구성원인 토츠카 테츠코(戸塚哲子) 씨(64세)는 24시간 체제로 돌봄 서비스를 제공할 수 있을지에 대해 워커즈콜렉티브를 설립하고 계약을 체결할 때까지 고민했다고 한다.

"야근을 해야 하는데 가능할까 계속 고민했어요. 초창기 멤버 30명 중 야간 근무가 가능한 사람은 6명뿐이었는데 당시는 30~50대였기에 논의 끝에 할 수 있다는 결론을 내렸죠. 10년의 세월이 흐르면서 체력적으로

---

* **주간보호(데이케어)**
요양보험 서비스의 하나로 통원보호 또는 당일보호라고도 한다. 집에서 지내는 요양보호 대상자를 상대로 주간보호 시설에서 목욕이나 재활 등 각종 서비스를 제공함으로써 가족의 부담을 줄여 주고 고령자의 자립을 지원한다.

** **재가요양지원사업**居宅介護支援事業
자택에 머무는 요양보호 대상자가 장기요양보험에서 제공되는 재가 서비스를 적절하게 이용할 수 있도록 요양지원전문원(케어매니저)이 요양보호 계획(케어 플랜)을 작성하고 재가 서비스 사업자와의 이용 조정, 시설 소개 등 케어매니지먼트를 하는 사업.

도 힘들어졌고 후배들도 늘어 이제 야간 근무는 하지 않아요."

마지막 거처로서 충실한 생활을 지원

'라이프&시니어하우스 코호쿠'는 자립형(라이프하우스)과 돌봄 서비스형(시니어하우스)으로 구성되어 있다. 살다가 시간이 흘러 돌봄 서비스가 필요해졌을 때 자립형에서 돌봄 서비스형으로 옮길 수 있다. 자립형인 일반 시설에 입주하려면 입주 일시금 2,000~4,000만 엔을 내야 하고, 매월 관리비와 식비로 약 15만 엔 정도가 필요하다. 돌봄 서비스형 시설의 경우 입주 일시금은 1,300만 엔 전후이고 관리비와 식비로 매월 약 18만 엔이 필요하다. 고액이기도 하고 마지막 거처로 생각해서 입주하는 사람이 대부분이라 그만큼 정성이 요구된다. 오픈할 때부터 입주해 있는 사람은 4명이고, 임종을 이곳에서 맞고 싶어 하는 사람도 많다. 실제로 임종 뒤 추모식을 이곳에서 연 적도 있다.

토츠카 씨는 자신이 요양 관련 일을 하리라고는 상상도 못했는데 지금에 와서는 하기를 잘했다고 회고한다. "워커즈콜렉티브에서 일해 보고 싶었어요. 지금은 구성원도 25명으로 늘었고 여러 가지 위기도 함께 넘기면서 힘이 좀 붙은 것 같아요. 젊은 사람들이 좀 더 늘면 좋겠어요."

서로의 사정을 배려하며 일하는 것이 매력

마도카에서 일한 지 3년째 되는 마루오카 쿠미코(円岡久美子) 씨(45세)는 한 번에 4~6시간씩 월 8회 정도 근무한다. 원래 직업은 피아니스트로 샹송 가수나 연주회 반주가 주된 일이다. 안정된 수입을 얻고 싶고 요양 관련 일도 하고 싶어 마도카의 구성원이 되었다.

"요일로 근무 시간을 정하는 시설이 많은데 이곳은 서로의 사정을 고려해 시간을 배정하고 있어 일하기 좋아요. 부모님은 돌아가셨지만 '살아 계셨을 때 이렇게 해드렸으면 좋았을 것을…' 하는 마음이 있었어요. 시부모님은 모두 건강하시지만 만일에 대비해 돌봄 관련 기술을 배워 두고 싶어요. 목욕하는 걸 도와 드린다거나 공유 공간에서 이야기를 나눌 때는 즐거워요. 청소는 그다지 좋아하지 않지만, 일이라고 생각하면 할 수 있어요. 나중에는 음악을 이용해서 재활 치료도 해보고 싶어요."

마루오카 씨는 시설에서도 가끔 연주를 하는데 피아노 소리에 즐거워하는 입주자들의 모습을 보면서 연주자로서의 의식도 변했다고 한다. 피아노는 부모님이 시켜서 어쩔 수 없이 배웠다는 마음이 있었는데, 듣는 사람과 자신이 함께 즐길 수 있는 연주를 생각하게 되었다고 한다. 지진 복구 지원 곡인 '꽃이 핀다' 반주를 담은 CD를 만들어 입주자분들과 합창 연습을 해서 발표한 적도 있다.

모두가 관여하고 스스로 결정하기

마루오카 씨는 구성원이 함께 근무 환경을 만들어 가는 워커즈콜렉티브의 즐거운 노동 방식도 실감할 수 있었다. 이사로 취임한 후에는 운영회의에도 참여하고 있다. "다양한 용어들도 3년쯤 지나니까 차차 이해하게 되었어요. 지시 받은 일을 하는 일반 회사의 업무 방식과 달리 모든 일에 관여할 수 있어요. 스스로 결정해야 하는 경우도 많지만 곤란할 때는 선배들에게 상담해요. 근무 일정을 짜는 일도 해보았는데 전체 흐름을 알 수 있어 좋았어요. 천천히 오래오래 여기서 일하고 싶어요."

자신들의 힘만으로 큰 시설을 만들기는 어렵지만, 마도카의 사례처럼 기업이 하드웨어를 제공하고 소프트웨어 부분을 워커즈콜렉티브가 맡는 방법이 있다. 참고로 라이프&시니어하우스 코호쿠의 식사는 특정비영리활동법인 워커즈콜렉티브 레몬밤이, 세탁과 청소는 기업조합 올리브가, 1층의 보육 시설 운영은 특정비영리활동법인 메이플코코가 각각 맡고 있다.

취재, 글 후지키 치구사(藤木千草)

기업조합 워커즈콜렉티브 마도카 ワーカーズ・コレクティブ 円

설립 연도: 1999년

사업 내용: 요양보호 서비스가 제공되는 유료 노인 요양 시설 입주자에 대한 생활지원 서
비스, 재가요양지원 서비스 외

사업 매출: 약 3,650만 엔(2012년도)

구성원 수: 25명

주소: 1-39-11, Nakagawachuo, Tsuzuki-ku Yokohama-shi, Kanagawa, 224-
0003, Japan

TEL/FAX: 045-911-8164

누구나 나이가 드니까

워커즈콜렉티브 올리브 카나가와

자기 집처럼 지내 주었으면

소규모 주간보호 서비스로 시작

케이힌 급행 카나자와핫케이역에서 히라카타만을 따라 7분 정도 걷다
가 오른쪽으로 돌면 정원의 홍매화가 아름답게 피어 있는 집이 나온다.
'특정비영리활동법인 워커즈콜렉티브 올리브'가 운영하는 주간보호서
비스센터 노아(NOAH)이다.

"부모님이 살던 집을 나를 키워 준 내 고향 복지에 활용하고 싶다."며
토쿄에 사는 K 씨로부터 연락이 온 것은 노인장기요양보험제도*가 시작
되고 1년이 지난 2001년 봄의 일이었다. 조용한 주택가, 정원이 딸린 단
독 주택은 주간보호 서비스에 안성맞춤인 장소였다.

지역의 워커즈콜렉티브와 생활클럽생협 조합원들이 프로젝트를 기획

하고 설립을 위해 동분서주하여 그해 7월에 올리브가 탄생했고 12월에 문을 열었다.

이용자가 바로 늘지 않아 처음 몇 달은 분배금**(인건비)이 당연히 없었고, 임대료를 면제 받아 버틸 수 있었다. 그래도 2년 만에 사업이 정상 궤도에 올랐다.

요코하마시에는 장기요양보험제도가 시작되기 전부터 시가 건물을 짓고 사회복지법인이 운영하는 정원 30~50명 정도의 대규모 주간보호 서비스 시설이 있었다. 그러나 노아처럼 비영리 조직이 주체가 되는 사업은

---

* 노인장기요양보험제도(介護保険制度)

거동이 불편하거나 인지 장애 또는 신체 장애로 요양보호가 필요한 고령자를 사회보험 시스템으로 지원하는 제도. 2000년 4월부터 실시되었다. 원칙으로는 65세 이상의 고령자가 기초지자체에 신청을 해서 요양보호가 필요하다는 인정을 받으면, 등급에 따른 요양보호 서비스 계획(케어 플랜)을 작성한 후 재가 서비스나 시설 서비스 중 하나를 받을 수 있다. 제도를 운용하는 주체(보험자)는 기초지자체이다. 보험료를 내는 피보험자는 40세 이상이고, 그중 65세 이상을 제1호 피보험자, 40~65세를 제2호 피보험자로 구분한다. 원칙적으로 요양보호 비용의 10퍼센트가 이용자 부담이다. 나머지 90퍼센트 중 절반은 보험료에서, 절반은 국가에서 부담한다.

** 분배금

워커즈콜렉티브에서 일하는 구성원들의 노동 보수에 해당하는 것. 누군가가 지급하는 급여와는 다르게 워커즈콜렉티브는 직접 얻은 사업 수익의 일부를 구성원 전원에게 인건비로 분배하는데 이를 분배금이라고 한다. 일반적으로는 노동자에게 지급되는 급여에 해당하며 급여 소득으로 원천 징수 대상이다.

아직 없어, 노아가 지역의 주택을 이용한 소규모 주간보호 서비스(정원 15명)의 선구자라 할 수 있다. 직원은 기준보다 많이 두고 있는데, 40~60대 직원은 이용자들의 자녀와 같은 세대이다. 내 부모를 돌보는 마음으로 이용자들을 대하고 가정적인 분위기를 만들려고 노력한다. 시급은 일률적으로 920엔이다. 노동 시간은 사람마다 다른데, 많이 일하는 사람은 월 120시간 일한다.

정성을 담은 대응

노아의 하루는 아침에 이용자를 모시러 가는 일부터 시작된다. 이용자가 도착하면 우선 간호사가 건강을 체크하고 아침 시간은 목욕 서비스와 자전거 타기, 체조와 같은 신체 훈련, 노래 부르기, 담소 등을 나누며 보낸다. 맛있다고 평판이 자자한 점심은 제철의 안전한 식자재를 이용해서 직원들이 만든다. 2시까지는 느긋하게 티타임을 가지는데 날씨가 좋은 날은 발코니에 나가 정원의 꽃을 바라보며 일광욕을 즐긴다. 그 후 실내에서 골프, 봉 축구 고령자를 위해 일본에서 고안된 스포츠로 앉아서 봉으로 하는 축구 - 옮긴이, 카드 게임, 그림 편지 등을 즐긴다.

기본적으로 돌봄 직원은 간호사를 포함해 하루에 6명을 배치하고 사무실에는 생활상담원*과 사무국, 조리사, 운전사도 있다. 연간 행사가 있는 날에는 참가자 수에 맞춰 직원을 배치한다. 벚꽃 구경이나 히나 인형 여자

아이가 건강하게 자라기를 기원하는 히나마쓰리라는 연중 행사가 있는데, 그때 장식하는 인형 – 옮긴이 만들기 등
계절에 맞는 프로그램을 마련해 이용자에게 생활의 다채로움과 자극을
준다. 천장에는 이용자들이 함께 만든 종이학이 걸려 있고, 벽에는 색지
를 작게 뭉쳐서 붙인 커다란 후지산이 장식되어 있다.

9시 30분부터 15시 45분까지였던 돌봄 시간을 2012년 장기요양보험
제도 개정에 맞추어 16시 35분까지 연장했다. 노아에서 보내는 시간이 7
시간을 넘기 때문에 피곤한 사람은 소파나 침대에서 쉴 수 있도록 했다.

최근에는 간단한 간식 만들기 프로그램이 호평을 얻고 있는데, 함께 단
호박 푸딩이나 밸런타인데이의 초콜릿 토핑을 만들어 보기도 했다. 간식
만들기가 너무 즐거웠다며 이용자들이 가족과의 대화 때도 화제에 올린
다고 한다.

"무표정이었던 사람이 점점 생기를 찾아가는 모습을 보면 말할 수 없
이 기뻐요. 피곤이 다 날아가 버리죠."라고 시설장 시부야 요코(渋谷洋子)
씨(57세)가 말했다.

* 생활상담원(생활지원원)
인지 장애가 있는 홀몸노인이나 지적 장애자 등 일상생활에서의 판단 능력이
충분치 않은 사람에게 복지 서비스 정보를 제공하거나 금전 관리 같은 생활 지
원을 하는 사람.

자신의 집처럼 쉴 수 있는 공간으로

월요일부터 토요일까지 주 2~3일 정도 이용하는 사람이 많지만, 하루만 이용하는 사람도 있다. 등록된 사람은 50명 정도인데 대부분 85세 이상이다. 기능 훈련도 되는 산책이나 정원 가꾸기 등 밖에서 하는 활동을 늘리고 싶지만, 휠체어 이용자가 늘고 있다. 어떻게 하면 자립으로 연결되는 돌봄을 할 수 있을지 방법을 모색 중이다.

"장수하는 세상이 되었지만 '이렇게 살아서야'라며 미안해하는 어르신을 보는 것은 힘들어요. 치매인데도 혼자서 생활하는 사람이 있고, 가족과 함께 살아도 자기 방에서만 지내는 사람도 많습니다. 점점 이웃과의 교류도 없어지고 집에서 24시간 돌봐야 하는 사람도 힘들 거예요. '여기 오면 안심이 된다, 또래와 이야기하는 것이 즐겁다, 우리 집처럼 지낼 수 있다'는 말을 들으면 이용자나 그 가족에게 도움이 되고 있구나! 실감이 돼요."

지역의 필요에 부응하기 위해

그 외 사업으로 지역 사람들의 교류의 장 '살롱노아', 버스를 타고 가는 여행, 장기요양보험을 보충하는 생활지원 서비스 '타스케아이 핸드'를 시작하는 등 새로운 지원 프로그램을 만들어 내고 있다. 젊은이나 장애인의 취업 지원을 하고 있는 특정비영리활동법인 워커즈콜렉티브협회의 의뢰를 받아 직장 체험 실습생이나 취업 훈련생을 받는데, 실습을 거친 뒤 노아에서 일하게 된 사람도 있다. 또한 노래 부르기, 식사 모임, 건강한 마작 등을 열어 지역의 교류 공간을 만들어 가는 특정비영리활동법인 워커즈콜렉티브 컴퍼스도 만들었다.

앞으로는 재가요양지원 사업도 펼칠 예정이다. "많은 분이 도와주셔서 여기까지 올 수 있었어요. 돌봄 직원의 반이 요양보호사* 자격증을 갖고 있고 케어 매니저도 2명이나 배출해서 새로운 사업으로 '요양플랜 올리브'를 시작했어요."라고 이사장 무나카타 하츠코(宗形初子) 씨(63세)는 말했다. 설립 13년째를 맞은 올리브의 성장은 계속 되고 있다.

취재, 글 이노마타 에츠코(猪俣悦子)

* 요양보호사
심신 장애나 일상생활에 장애가 있는 사람을 대상으로, 전문 지식을 가지고 입욕, 배설, 식사 등과 같은 요양보호 서비스를 제공하고 가족의 요양보호 관련 상담에 응하는 국가 자격 전문직.

기업조합 워커즈콜렉티브 올리브 ワーカーズ・コレクティブ オリーブ

설립 연도: 2001년

사업 내용: 장기요양보험 대응형 주간보호 서비스, 재가요양 지원, 가사돌봄 서비스

사업 매출: 약 4,000만 엔(2012년도)

구성원 수: 42명

주소: 3-16 NOAH, Yanagi-cho, Kanazawa-ku, Yokohama-shi, Kanagawa,
    236-0026, Japan

TEL/FAX: 045-782-1038/045-782-1046

육아지원워커즈 페페페페란 쿠마모토

아이와 언어의 만남을 위해 날아다니는 페페페페란호

쿠마모토시에서 활동하는 워커즈콜렉티브 '페페페페란'은 1990년 2
월에 설립되었다. 아이들이 그림책과 동화책을 통해 이야기 세상의 문을
열 수 있도록 돕는 것이 목적이다. 2006년 특정비영리활동법인이 된 페
페페페란은 그림책 전문점을 거점으로 찾아가는 이야기 모임, 그림책 강
좌 및 강연, 탁아 및 방과후 돌봄교실, 육아 사랑방을 해 왔다. 2009년부
터는 사회복지법인으로 바꾸어 탁아, 방과후 돌봄교실, 육아 사랑방 사업
을 하고 있다. 또한 쿠마모토에 있는 또 하나의 육아지원워커즈 '아 · 하 ·
하(あ · は · は)'와 함께 어린이집도 운영하고 있다.

어린 시절 풍부한 언어와 만난다는 것

페페페페란은 시인 타니카와 준타로(谷川俊太郞)의 이야기에 등장하는 우주선 이름이다. 이 우주선을 타고 21세기를 이끌어 갈 아이들과 이야기 세상을 여행하자는 뜻에서 이름을 따왔다. 설립 초기에는 생협의 의뢰를 받아, 엄마들이 회의하는 동안 아이들도 즐겁게 시간을 보낼 수 있도록 다양한 아이디어를 짜내어 아이들과 함께하는 시간을 만들었다.

그러나 사업 면으로나 아이들과의 관계 면에서 불안정한 측면이 있어 '페페페페란 키즈룸'을 시작했다. 이곳에서는 부모와 아이가 동화책과 그림책을 읽거나 들려주고, 어린이 이야기 극장, 손 놀이, 동요 등도 즐길 수 있다. 또한 엄마들의 교육 공간으로도 활용하고 있다. 프로그램이 끝날 무렵에는 미키마우스 춤을 함께 추고 구성원들이 만들어 온 간식을 나눠 먹은 후 헤어지는 노래로 마무리를 한다. 참가비는 월 단위로 받고 매달 '키즈룸 통신'을 발행한다. 또 희망자에게는 그림책 한 권을 나누어 준다. 키즈룸 통신은 편집하면 한 권의 훌륭한 책이 될 정도로 내용이 알차다.

지금도 키즈룸은 계속 운영하고 있지만 지역의 도서관과 공민관^{지역 주민} _{을 위해 기초지자체가 설치하는 교육, 문화, 복지, 건강 증진을 위한 지역 주민 시설 - 옮긴이}에서 하는 무료 동화 모임이 늘어나면서 구성원이 줄고 있다. 키즈룸의 1회 졸업생은 대학생과 사회인이 되었고, 엄마들 대부분이 학교에서 책 읽어 주기 자원봉사 활동을 하고 있다는 소식은 참 반갑다.

같은 시기에 문을 연 그림책 전문점은 아이들과 그림책이 만나는 공간이 될 수 있도록 책 선정에 힘을 쏟고 있다. 아기를 데리고 온 엄마들이 편안하게 책을 고를 수 있도록 신발은 벗고 들어가게 했다. 놀이 공간에는 아이들이 자유롭게 놀 수 있도록 나무 장난감과 그림책을 비치해 두었고 아기 침대도 마련되어 있다.

여기저기 날아다니는 우주선 페페페페란호!

페페페페란호는 불러만 주면 어디든지 날아가는 우주선이다. 찾아가는 이야기 모임을 하러 0세 아기들, 육아 모임, 탁아 시설, 유치원, 어린이집, 초등학교, 중학교 등을 열심히 돌아다닌다. 몰입해서 동화를 듣는 아이들의 모습이야말로 페페페페란의 에너지 원천이다.

텔레비전과 인터넷에 노출되어 있는 요즘 아이들의 생활 환경은 아이들의 듣는 능력을 떨어트린다. 아기 때부터 어른들의 풍성한 이야기를 들으며 자라는 아이들은 듣는 능력도 향상한다. 보호자 대상 강연회나 교사 대상 연수회에서 들어오는 강의 요청에도 열심히 응하고 있다.

엄마들을 위한 시간을

페페페페란은 엄마들을 위해 아이들을 일시적으로 돌봐 주는 일도 한다. 아이들 집으로 베이비시터가 방문하기도 하고, 페페페페란에 아이들을 데리고 오는 사람도 있다. 매주 금요일은 10시부터 15시까지 보육 교실을 연다. 유치원에 입학하기 전에 적응을 위해 보육 교실을 이용하는 사람도 있고, 비용이 괜찮아서 아이들을 맡기고 한꺼번에 볼일을 보는 엄마들도 있다. 엄마와 떨어져 불안해하는 아이에게 동요와 그림책은 상당히 효과적이다. 다음에 올 때는 울지 않는다.

페페페페란은 지역에 꼭 필요한 사업은 돈이 안 돼도 끝까지 해낸다. 지역 주민이면 누구나 이용할 수 있는 '베이비즈 라이브러리'는 매주 화요일과 목요일에 문을 여는데, 좋은 나무 장난감과 대출 가능한 그림책이 다수 비치되어 있다. 임대료 등 경비가 들지만 그만두지 말아 달라는 엄마들의 성원에 계속 문을 열고 있다. 돈으로는 살 수 없는 신뢰로 이어지고 있는 것이다.

지자체의 신뢰도 높아지고

2013년은 페페페페란이 출범한 지 25년째 되는 해이다. 그동안 많은 사람들과 만났고, 함께 아이들의 성장에 초점을 맞춰 늘 구성원들과 상의하고 다양한 아이디어를 짜내며 활동해 왔다. 그런 노력이 어느새 행정기관의 신뢰를 이끌어 냈다.

현재 현의 사업 2개를 위탁 받아 하고 있다. 또한 공공도서관이 없는 미나미아소에서 운영하는 '미나미아소 그림책 나라'의 사무국도 맡고 있고, 시외 방과후 돌봄교실의 보조원 일도 오래전부터 하고 있다. 이밖에도 도서관과 서점의 의뢰를 받아 책 디자인 작업도 하고 있다.

페페페페란의 구성원들은 대부분 40~50대이고 긍정적인 노력파들이 많다. 좋다고 생각하면 일단 하고 본다. 이런 자세가 사업을 지탱해 왔다. 세대교체도 생각하고 있지만 워커즈콜렉티브라는 노동 방식에 찬동하는 사람을 찾기가 쉽지 않다. 쉽게 벌려고 하는 시대에 창업부터 생각해야 한다는 점은 큰 장애가 된다. 건강이 허락하는 한 육아 지원 활동을 계속하고 싶다는 것이 구성원들의 마음이다.

앞으로도 페페페페란호는 활발하게 활동을 이어갈 것이다.

글 타카노 와카코(高野和佳子)

특정비영리활동법인 육아지원워커즈 페페페페란 子育て支援ワーカーズ べべべべらん

설립 연도: 1990년

사업 내용: 육아 지원

사업 매출: 약 2,070만 엔(2012년)

구성원 수: 10명

주소: 1-2-2, Asoda, Kita-ku Kumamoto-shi, Kumamoto, 861-8081, Japan

TEL/FAX: 096-337-0450

http://www.pepepeperan.com

건강체조지도워커즈 토쿄

모두가 건강하게 장수하며 자립해서 생활할 수 있도록

체조 모임 구성원들의 나이는?

코쿠분지시 히카리 스포츠센터 체육실에서 구령 소리에 맞춰 체조를 하는 여성 모임이 있다. 13년 동안 일주일에 한 번 꾸준히 체조를 하고 있는 시민 자주 모임이다.

이날은 30명 정도가 참가했다. 의자에 앉아 손발을 천천히 움직이며 준비 운동을 한 후 음악에 맞춰 에어로빅, 근력 훈련, 스트레칭을 조합해 1시간을 꽉 채워 운동한다. 유연하게 체조를 즐기고 있는 사람들의 연령은 60~80세이고, 절반 이상이 75세가 넘는다.

곧은 자세로 활기차게 체조를 지도하는 사람은 '특정비영리활동법인 건강체조지도워커즈'의 이사장 오가와 요코(小川葉子) 씨(73세)다. 지역마다 이런 모임을 만들고 싶어 활동을 시작했다는 그녀는 고등학교 체육 교사 출신이다. 출산 휴가 중에 생활클럽생협에 가입해 상임 이사로 활동 했다. 식품 안전 활동으로 시작해 지역 복지 전반으로 활동 범위를 넓혔 고, 2002년 6월에 '건강체조지도워커즈'를 설립했다. 2006년에는 법인 격을 취득했다.

체조 습관을 기르는 장 만들기

건강체조지도워커즈의 설립 취지에는 "건강을 증진하기 위해 신체 활 동(체조)을 함으로써 모두가 건강하게 장수하며 사회의 일원으로 자립해 서 생활할 수 있도록 삶의 질을 높이고 오랫동안 살아오던 지역에서 계속 살아갈 수 있도록 하는 '지역 복지형 사회'를 지향한다."고 쓰여 있다. 이 를 실현하기 위해 자립생활체조를 독자적으로 개발했다. 복지 선진국인 스웨덴에서 반세기 전부터 하고 있는 PG(Pensionärs Gymnastik, 연금수급 자 체조)를 바탕으로 한 요양보호 예방 목적의 종합 체조이다.

이 체조에서 가장 중요하게 여기는 것은 꾸준함이다. 아무리 좋은 프로 그램이라도 생활 속에서 습관화하지 않으면 의미가 없다. 따라서 건강체 조지도워커즈는 지역 사회에서 체조를 습관화하는 장으로서 자주 모임 만들기를 지원하고 지도한다. 사람들이 걸어서 올 수 있는 곳에 체조 모 임을 만드는 등 꼼꼼하게 활동을 펼치고 있다.

건강 수명 10년 증가

현재 코쿠분지시를 중심으로 26개 자립생활 체조 모임이 활동하고 있다. 건강체조지도워커즈 구성원(30대~70대) 11명이 각자의 구역에서 지도를 담당한다. 특히 고령자들이 요양보호 대상이 되는 것을 예방하고 나이가 들면서 생기는 신체 변화에 대응할 수 있도록 올바른 신체 운동으로 근육이나 뼈 조직의 재생 능력을 높여 몸이 굳는 것을 막는다. "운동을 시작하고 3개월이 지나면 효과가 나타나요. 체조를 시작했을 때의 신체 연령을 유지할 수 있어서 체조를 지속하는 기쁨을 맛볼 수 있어요." 오랜 실천에서 우러나온 오가와 씨의 말이다. 현재 500명 이상이 참가하고 있는데 그중 45명은 10년 이상 체조를 지속하고 있다. 이들은 몸의 노화를 거의 느끼지 못한다고 한다. 정말로 건강 수명이 10년 연장된 사람들이다.

한편 운동 부족으로 인한 생활 습관병이 늘고 있다는 점에 주목하여 간단하게 에어로빅을 즐길 수 있는 건강체조 모임과 셰이프업 모임도 운영하고 있다. 에어로빅을 통해 무리 없이 체지방을 줄이고 근력을 키워 비만이 되지 않는 체질로 바꾸는 것이다. 엄마와 아이들이 함께 놀면서 운동하고, 엄마들은 에어로빅을 통해 몸과 마음을 재충전하는 육아 지원형 모자체조 모임도 운영하고 있다. 신체 발달과 변화에 맞춰 전 세대를 아우르는 맞춤 체조에도 애쓰고 있다.

시민의 요구를 지자체의 정책으로

건강체조지도워커즈는 지자체와의 협동 사업에도 적극 참여하고 있다. 2008년부터 3년 동안 코쿠분지시 복지보건부 고령자상담실과 '신체 활동을 습관화하는 요양보호 예방 체조 교실 사업'을 실시했다. 이 사업은 코쿠분지시가 제안한 협동 사업인데, 70세 이상 시민 200명이 참가하여 큰 성과를 거두었다. 더욱이 이 활동이 자주 모임으로 이어져 활동을 이어가는 곳들도 많다. 건강 체조가 지역의 건강 증진에 기여하고 있음을 보여 준다.

2012년에는 설립 10주년을 기념하여 시민과 지자체가 연계할 수 있는 정책을 생각하는 '협동으로 만드는 요양보호 예방' 심포지엄을 열었다. 이 자리에서는 이바라키현에서 하고 있는 어르신 재활 체조 지도사의 실천 사례가 보고되었는데, 코쿠분지시 복지보건부 부장도 참석해 시에서 활용할 수 있는 정책에 관해 토론하는 기회가 되었다.

코쿠분지시의 제안형 협동 사업은 일반적인 시민 건강 체조에 머물지 않고, 재난 때 대피 시설 등에서 할 수 있는 건강 체조도 제안하고 있다. 시민의 필요에 맞춘 정책 서비스를 만들기 위해서는 시민이 목소리를 내어 제안하는 것이 중요하다고 오가와 씨는 강조했다.

체조 지도원 양성에도 힘쓰고 있다. 매년 한 번씩 자립 생활 체조 공인 지도원 양성 강좌를 열어 건강 체조의 저변을 넓히고 있다. 지금까지 21차례 강좌를 열었고, 공인 지도원 220명을 배출했다. 앞으로 각 지역에 지도자 그룹이 건강체조지도워커즈를 만드는 일을 지원할 것이다.

　고령자 = 요양보호라는 공식을 깨뜨리고 누구나 건강하게 장수하며 자립해서 살아갈 수 있는 지역 사회 만들기에 힘을 보태는 워커즈콜렉티브의 활동은 계속된다.

취재, 글 나카노 스즈코(中野寿ズ子)

특정비영리활동법인 건강체조지도워커즈 健康体操指導ワーカーズ

설립 연도: 2002년

사업 내용: 고령자부터 유아까지 체력에 맞게 올바른 체조를 즐겁게 지도

사업 매출: 약 900만 엔(2012년)

구성원 수: 11명

주소: 4-10-52, Tokura, Kokubunji-shi, Tokyo, 185-0003, Japan

TEL/FAX: 042-329-1227

건강한 삶에 도움 되기

워커즈콜렉티브 안즈 카나가와

약국과 강좌를 통해 한방을 널리 알린다

1995년, 건강과 의료에 관심을 가진 생협 조합원 8명이 6개월의 준비 기간을 거쳐 '워커즈콜렉티브 안즈'를 만들었다. 안즈는 주로 한약, 허브, 건강 보조 식품을 판매하는 안즈약국 운영을 비롯해 중국의 전통의학인 중의학(한방) 강좌 기획·운영, 침술 치료원 운영, 건강 보조 식품 공동 구입을 하고 있다. 이 사업은 주식회사 웰라이프로에서 위탁 받은 사업으로 수입 대부분은 업무 위탁 비용이 차지한다. 그 외에 학교 운영 위원회나 유치원 등에서 받는 강의료나 건강·의료 서적 판매 수입이 있다.

안즈의 일하는 방식

안즈의 구성원은 38명이다. 워커즈콜렉티브 치고는 꽤 큰 규모이다. 그 중 14명이 약사 자격증을 갖고 있다. 사업장은 카나가와현에 안즈약국 4 곳이 있고, 신요코하마에 침술원이 하나 있다. 침술원은 마음 편히 이용할 수 있는 릴렉스룸 '얼터(alter) 건강 스테이션'과 경리, 총무, 공동 구입의 수발주 업무를 하는 사무국(신요코하마)으로 나뉘어져 있다.

구성원의 근무 일수와 시간, 분배금(인건비)은 사업장이나 역할에 따라 다르다. 시급은 같지만, 약사나 임원들에게는 수당을 줘서 불공평함을 없애고 있다. 약사 자격증을 가진 사무국장이 풀타임으로 근무하면 300만 엔 정도의 연 수입을 얻을 수 있다. 약사가 주 2회 정도 근무하면 120만 엔 정도의 연 수입을 얻는데, 수입은 각자의 의사를 존중해 조정하여 결정한다. 안즈가 바라는 것은 안심하고 사용할 수 있는 질 좋은 제품이다. '이런 게 있었으면 하는 서비스나 물품'을 구체적으로 기획하고 실현한다. 함께 생각하고 함께 사업하는 것이 안즈의 일하는 방식이다.

안즈의 자랑

독자적으로 개발하여 대박이 난 건강 보조 식품이 있다. 꽃가루에 민감한 사람들을 위한 '청귤 파워 100', 뱃살을 빼고 싶은 사람에게 좋은 '사라시아(인도, 스리랑카, 미얀마 등 아열대 지역에 자생하는 약초 - 옮긴이 키토산', 그리고 올해 발매한 무릎이 아픈 사람에게 좋은 '호호 효모'이다. 모두가 식품에 가까운 건강 보조 식품이라는 점이 자랑이다. "이러한 상품 개발은 안즈에게 큰 성취감을 가져다주고 앞으로의 활동에도 큰 자극이 돼요."라며 약사인 사이토 토시코(齋藤淑子) 씨(63세)가 눈을 반짝이며 말했다.

자랑거리가 하나 더 있는데, 안즈의 보물이라고 할 수 있는 안즈 출판물이다. 설립한 지 14년 되던 해에 안즈의 성과를 책으로 엮자는 이야기가 있었다. 구성원들은 책을 만들기로 한 이상, 한방이나 아로마를 모르는 사람들에게 본질을 정확하고 알기 쉽게 소개하고 싶다며 글에서 그림까지 모두가 제작에 참여했다. 2011년 3월, 『미병(未病) 한의학의 개념으로 병은 아니지만 되고 있는 상태를 말함 - 옮긴이을 이긴다! 식양생(食養生), 한방에서 아로마까지 - 안즈 약국의 건강독본』((주)유우 에이전시 간행)이 출판되었다. '안전한 재료를 고집하고 큰 병이 오기 전에 몸과 마음의 균형을 잡는다'는 안즈의 이념이 담긴 책이다.

안즈약국

일반적으로 한방 약국은 왠지 어둡고 약은 비쌀 것 같은 이미지가 있다. 그러나 안즈약국은 다르다. 지속해서 복용할 수 있는 금액으로 손님에게 맞는 약을 추천한다. 돈을 버는 것보다 사람들에게 도움이 되고 싶은 마음이 크다고 이시카와 쿄코(石川京子) 약사(53세)는 말한다.

처음 오는 사람도 가벼운 마음으로 들어올 수 있도록 내부는 밝게 꾸며 놓았고, 유리창을 통해 보이는 곳에 아로마 제품이나 허브를 원료로 한 화장품을 진열해 두는 등 내부 진열에도 신경을 쓰고 있다. 약국 앞에는 매장에서 하는 미니미니 강좌를 알리는 전단지가 놓여 있다. 허브를 사용한 립밤 만들기와 입욕제 만들기는 반응이 좋다. 약국 안에는 마음 편히 오랫동안 상담을 할 수 있는 공간이 있어 이용자에게 맞는 방법을 함께 찾아낸다. 안즈는 상담도 가능한 약국이다.

정기적으로 한방 상담을 하러 와서 개운해진 얼굴로 돌아가는 중년 여성도 있고, 스트레스와 자율 신경의 균형 이상으로 말을 할 수 없었는데 말할 수 있게 된 초등학생 남자아이도 있다. 이용자와 신뢰 관계가 형성되어 정신적인 면에서도 도움을 줄 수 있게 된 것이다. 증상이 개선된 사람들을 볼 때면 이 일을 하길 잘했다는 생각이 든다고 이사장 사카모토 토모코(坂元朋子) 씨(53세)가 말했다.

그 외에도 안즈의 기관지인《안즈 소식》과 홈페이지를 통해 메이크업 강좌나 골밀도 측정 등 건강에 도움이 되는 정보를 제공하고 있다.

안즈의 미래

안즈는 정기적인 회의와 연수를 실시하고 있다. 6개의 그룹은 저마다 한 달에 한 번 회의를 열어 사업 운영과 관련된 정보를 교환한다. 구성원 모두가 참가하는 연수도 매달 한 번씩 여는데, 구성원들의 기술 향상에 도움이 된다. 그 밖에도 구성원들은 개별적으로 한방과 아로마 공부를 계속하고 있다. 자신들의 지식을 지역에 환원하는 출장 강좌 등의 독자적인 활동도 공부의 하나라 할 수 있다.

안즈는 설립 초기부터 가지고 있던 큰 목표가 있다. 카나가와현 5개 지역 모두에 안즈약국을 만드는 것이다. 현재 4개의 약국이 있는데 요코하마시 남부에 하나 더 늘리려고 한다. 이후에는 카나가와현 밖으로 진출하려는 목표도 가지고 있어, 현재 먼 곳에 사는 사람들을 위한 약선 요리 온라인 강좌도 검토 중이다. 건강 강좌 중에는 한의학을 배우는 본격적인 강좌도 있는데, 이 강좌를 수료하고 안즈 구성원이 된 사람들이 많다.

그러나 약사가 부족하다는 고민도 있다. 젊은 사람들이 들어올 수 있도록 다양한 수당을 주는 등 수입 면에서 여러 가지 방법을 고민하고 있지만, 인재 확보까지는 좀처럼 나아가지 못하고 있다. 이 책을 읽고 안즈에 관심을 가진 사람들의 문의 전화가 쇄도하기를 기대한다.

취재, 글 미노 료코(三野良子)

워커즈콜렉티브 안즈 ワーカーズ・コレクティブ あんず

설립 연도: 1995년

사업 내용: 한방 약국 운영, 침술 클리닉, 건강 강좌 기획 및 운영, 건강 보조 식품 등의
공동 매입 등(주식회사 웰라이프의 위탁 사업)

사업 매출: 약 5,460만 엔(2012년)

구성원 수: 37명

주소: 2-8-4 Alternative life building, Shinyokohama, Kohoku-ku Yokohama-
shi, Kanagawa, 222-0033, Japan

TEL/FAX: 045-620-3820

http://www.anzu-kanpou.jp/

경리워커즈콜렉티브 어렌지 카나가와

비영리 시민 사업 구성원과 함께 한층 더 능력 향상을!

회계 지원을 생각해 내다

시민 단체의 회계를 담당하던 시마다 요코(島田洋子) 씨(당시 50세)는 회계 강의와 개별 상담 등을 통해 회계 담당자를 만날 기회가 많았다. 어느 조직이든 회계에 대한 고민이 있고, 어디에 상담해야 좋을지 모르겠다는 이야기를 듣고는 비영리 시민 사업 회계를 알기 쉽게 지원하는 워커즈콜렉티브를 만들어야겠다고 생각했다.

시민 사업은 이용자를 최우선으로 생각하며 활동하기 때문에 회계나 사무적인 것들이 뒤로 밀리는 경우가 많다. 훌륭한 활동을 하는 단체이기 때문에 활동 내용을 알기 쉽게 전하는 회계가 더욱 필요하다. 자신감을 갖고 공개적으로 내놓을 수 있는 회계가 필요하다고 생각했다.

2001년 가을, 카나가와현에서 활동하는 워커즈콜렉티브 회계 담당자들에게 연락해 함께 설립할 사람을 모았다. 2002년 4월, 시민이 출자한 기금을 비영리 시민 사업에 융자하는 여성·시민커뮤니티뱅크(WCA)에서 100만 엔을 빌리고, 카나가와네트워크운동*의 챌린지기금** 지원을 받아 구성원 8명이 '경리워커즈콜렉티브 어렌지'를 설립했다. 여성·시민커뮤니티뱅크에서 빌린 돈은 계획대로 3년 만에 갚았다.

구성원의 경력이나 자격증은 따지지 않는다

어렌지는 회계 지원이 주 업무이다. 월별 결산 서류를 작성해 주거나 가벼운 경리 처리 상담도 받는다. 카나가와워커즈콜렉티브연합회가 하는 회계 강좌의 강사를 맡거나, 컨설팅을 하기 위해 토쿄, 치바, 사이타마, 토

---

* 네트워크운동
생활클럽생협 조합원들이 중심이 되어 추진해 온 대리인 운동으로, 시민을 의회에 보내는 활동에서 탄생한 지역 정당 명칭에 '생활자네트워크', '네트워크운동', '시민네트워크' 같이 '네트워크'가 사용되고 있다. 2013년 현재 홋카이도·토쿄·카나가와·사이타마·이바라키·나가노·후쿠오카·쿠마모토의 기초지자체에서 활동 중이다.

** 카나가와네트워크운동의 '시민사회챌린지기금'
사회를 바꾸기 위한 시민 활동을 응원하는 기금. '카나가와네트워크운동'으로 모인 사람들과 뜻을 함께하는 사람들이 모은 회비와 개인 기부에서 나온 연간 활동 자금의 약 3퍼센트를 이 기금에 적립하여, 지역에서 시민 사회를 풍요롭게 만드는 활동을 하는 사람들을 지원한다. 같은 기금이 토쿄와 치바에도 있다.

치기로 출장을 가기도 하고, 토쿄에서 열리는 연수회에서 강의도 한다.

어렌지 구성원들은 워커즈콜렉티브나 시민 단체에서 활동했던 사람들이 많다. 부기 자격증을 가진 구성원들도 있는데 둘 다 어렌지에서는 중요하지 않다. 상대방의 입장에서 알기 쉽게 상담하고, 활동이 잘 드러나도록 회계를 작성하기 위해 학습하고 노력하는 사람이면 경력이나 자격증은 따지지 않는다. 시민 사업에 대한 이해가 깊은 세무사와 고문 계약을 맺고 함께 열심히 공부하고 있다.

어렌지가 세무사 사무소나 회계 사무소와 크게 다른 점은 의뢰한 조직이 언젠가는 회계를 스스로 하도록 지원하는 것이 목표라는 점이다. 극단적으로 말하면 어렌지를 필요로 하지 않게 하는 것이다. 그러나 회계 일은 관련된 사람들이 한정되어 있어서 그 사람이 그만두면 새로운 사람이 다시 처음부터 공부해야 하는 경우가 많다. 새로운 사람에게 인수인계가 충분히 되지 않는 경우도 있어 자립한 조직이 다시 의뢰를 하기도 한다.

알기 쉽게 전달하는 것이 목표

어렌지는 알기 쉽게 전달하는 것을 첫 번째 목표로 삼고 있다. 분명하지 않은 것은 반드시 확인하고 나서 대답한다. 확실히 조사한 후에 대답하고, 이는 각 구성원의 역량 향상으로 이어진다. 거래처의 질문이 어렌지를 성장시키는 것이다.

구성원끼리도 의문점을 서로 나누고 모르는 것은 서로 알려 준다. 사무실이 학습과 소통의 장이 된다. 매달 정례 회의에서는 고문 세무사와 함께 정보 및 연말 정산, 연말 미결산 등과 같은 내용을 깊이 파고들며 공부한다. 매년 바뀌는 세제 및 회계 규칙에 대비해 세무서나 시청에서 주최하는 강습회에도 적극 참가하여 정보 수집을 게을리하지 않는다.

회계 관련 책자를 만드는 것도 공부가 된다. 어렌지가 기획, 편집하여 발행한 『회계 담당자가 되었다』 시리즈는 회계 강좌 교재로 사용되고 있으며 의뢰처에 판매도 하고 있다. 초보자도 알기 쉽다며 반응이 좋다. 2012년 12월에는 여섯 번째 시리즈인 『Q&A집』이 나왔다.

일하는 가운데 느끼는 기쁨

매달 회계 서류가 제대로 완성되었을 때 성취감을 느낀다. 어렌지의 설명을 듣기만 하던 의뢰처의 회계 담당자가 갈수록 이해하게 되면서 질문을 하기도 한다. 회계 담당자의 능력이 향상되는 모습을 보는 것이 이 일을 하는 가장 큰 즐거움이다. 어렌지의 설립 목적 중 하나인 조직의 회계 자립 지원이라는 역할을 제대로 해냈다는 느낌을 준다.

한편 좀처럼 수지 타산이 맞지 않는 업종의 회계를 하다 보면, '저렇게 열심히 하는데 힘들겠구나….'라는 생각에 울적해지기도 한다.

사업을 지속하려면 새로운 구성원에게 지혜와 지식을 전수해야 한다.

어렌지와 같은 전문적인 일은 한번에 여러 명을 키울 수 없기 때문에 한 사람 한 사람에게 정성을 들인다. 새로운 구성원을 키우는 데는 상당한 시간이 걸리기 때문에 경험 있는 구성원과 2인 1조로 팀을 꾸려 일을 한다. 어렌지는 한 건 당 금액을 책정해서 받기 때문에 그 일을 하는 동안에는 두 사람이 의논해 수입을 나눈다. 혼자서 일할 수 있게 되어 많은 회계 업무를 맡거나 컨설팅도 담당하면 180만 엔 정도의 연 수입도 가능하다.

어렌지의 꿈

어렌지는 비영리 시민 단체와 함께하면서 회계를 통해 내일을 그려 갈 수 있도록 지원할 것이다. 회계 업무를 본다는 것은 조직 그 자체와 관계 맺는 것이며 다방면의 지원이 필요하다. 법인격 취득 등 개별 상담도 응하고 있는데, 어렌지 스스로도 배우면서 한층 역량을 키워 갈 것이다.

취재, 글 와타누키 케이코(綿貫惠子)

경리워커즈콜렉티브 어렌지 ワーカーズ・コレクティブ あれんじ

설립 연도: 2002년

사업 내용: 비영리 시민 사업의 회계 분야 지원

사업 매출: 약 1,000만 엔(2012년)

구성원 수: 10명

주소: 5-59, Tokiwacho, Naka-ku Yokohama-shi, Kanagawa, 231-0014, Japan

TEL/FAX: 045-226-2770 / 045-226-2771

워커즈콜렉티브 핫링크 카나가와

사업 매출을 올려 청년들이 일할 수 있는 곳으로

데이터 관리를 일로

카나가와워커즈콜렉티브연합회가 "워커즈콜렉티브에서 익힌 기술을 워커즈콜렉티브에 활용해 보자!"고 마츠시타 케이코(松下啓子) 씨(당시 45세)에게 제안한 것은 2003년의 일이다. 빵을 만들어 파는 워커즈콜렉티브 설립 멤버였던 마츠시타 씨는 다른 곳으로 이사를 하게 되면서 그만두었는데, 연합회의 요청으로 이곳 사무국에서 데이터 관리를 담당하게 되었다.

그 후 연합회에서 사무국 기능을 하는 워커즈콜렉티브를 만들겠다는 방침을 내세우면서 마츠시타 씨를 중심으로 5명이 모여 '워커즈콜렉티브 핫링크'를 2007년 5월에 설립했다.

핫링크 사업

시민 활동 현장에서는 역할을 나눠 사무 작업을 하지만, 모두가 컴퓨터 기술을 가지고 있지는 않다. 핫링크에서는 컴퓨터 강좌를 통해 담당자의 사무 자동화 기술을 향상시키고자 '정보 시큐리티 · 바이러스 대책', '홍보와 선전에 활용하자: 디지털 편' 등의 강좌를 열고 있다. 컴퓨터 화면을 보면서 설명하고, 이해도가 다른 참가자들을 위해 사전 설문을 통해 미리 질문을 받아 하나하나 정성껏 답을 한다. 참가자들이 많은 성과를 얻고 돌아갈 수 있도록 노력하는 것이다.

적은 인원으로 사무실에서 여는 '핫링크 카페'도 시작했다. 페이스북, 스마트폰, 외근 중에 도움이 되는 툴 등을 주제로 각자의 컴퓨터를 앞에 두고 차를 마시면서 편하게 이야기 나눈다. 적은 인원으로 무엇이든 물어볼 수 있는 분위기를 만들고 있다.

강좌 이외에도 데이터 관리, 설문 집계, 홈페이지 제작 및 관리 등을 착실하게 하면서 실적을 쌓아가고 있다.

구성원들이 잘하는 분야를 살려 분업이 잘 이루어지고 있다.

남성 구성원에게 묻다

원룸에 자리 잡고 있는 사무실을 방문해 가입한 지 2개월밖에 안 된 구성원과 이야기를 나눠 보았다. 그는 워커즈콜렉티브에서 몇 안 되는 남성 구성원인데, 풀타임으로 일하는 연구직 아내와 6살 쌍둥이가 있는 젊은 아빠다.

"모집 전단을 본 것이 계기가 되었어요. 핫링크의 첫인상은 내가 하고 싶어 하는 일에 가깝다는 것이었죠. 전에는 마케팅 회사에 다녔는데 일이 너무 힘들었어요. 20, 30대 사무직을 대상으로 한 시장 조사는 아무래도 평일 밤이나 휴일에 해야 했어요. 결국 건강을 해쳐 집안에만 틀어박혀 있었죠(웃음). 원래부터 아이들은 아내의 호적에 들어가 있어 별 문제가 안 되었고 음식 만드는 걸 싫어하지 않아 전반적인 가사 일은 제가 맡아서 했어요. 지금도 식사 준비와 청소는 대부분 제가 해요."

수입에 관해 물어보았다.

"아내는 이해해 주는데 어머니가 걱정이 많아요. 돈은 벌 수 있지만 싫어하는 일과 돈은 못 벌지만 좋아하는 일 중 하나를 고르라면 저는 좋아하는 일을 선택할 거예요. 뭐, 어느 정도 돈도 벌면서 좋아하는 일을 할 수 있으면 좋겠지만요(웃음). 최근 학원 강사 아르바이트를 하게 되어 앞으로는 핫링크와 아르바이트를 반반씩 할 것 같아요. 그래도 이곳 핫링크에서 평균 정도의 수입을 얻을 수 있도록 노력하고 싶습니다. 머지않아 일반 기업에 뒤지지 않을 정도의 조직이 될 거라고 생각해요."

그는 믿음직하고 긍정적인 말을 남기고는 아이들을 데리러 어린이집으로 향했다.

아이가 있는 주부 구성원에게 묻다

매달 열리는 두 번의 정례 회의 중 한 번은 반드시 아기를 데리고 참가하는 30대 엄마가 있다. 구성원들은 사적인 일을 포함해서 메일로 정보를 공유하고 있기 때문에 소외되는 느낌은 없다. 아기는 언젠가는 클 것이고 육아 경험은 먼 훗날 도움이 될 거라며 지금 할 수 있는 일을 하라고 북돋아 준다.

"우리 집 한 살짜리도 컴퓨터가 좋은가 봐요. 아기가 방해해서 좀처럼 컴퓨터 앞에 앉아 있을 수가 없어요. 그래도 일에 관한 아이디어를 낸다거나 강습회가 있을 때는 동료에게 아이를 맡기고 참가하고 있어요. 다양한 사람들과 만나는 것은 아이에게도 좋다고 생각해요."

핫링크가 추구하는 것

핫링크는 지속성은 물론이고 다양한 연령대와 상황을 가진 구성원들이 함께할 때 비로소 서로를 채워줄 수 있다고 생각하기 때문에 젊은 사람들도 일할 수 있는 사업체를 만들고자 한다. 그러기 위해서는 분배금(인건비)이 제대로 나오도록 매출을 올리는 것이 가장 큰 과제이다. 우선은 의뢰처를 방문하는 등 영업에 힘쓰고 있다.

앞으로는 고객으로부터 부탁 받은 일만 하는 것이 아니라, 해당 단체의 컴퓨터 담당 사무를 위탁 받아 정기적인 조언도 해 나갈 예정이다. 비영리단체의 활동을 지원하는 것이 목적이므로 다양한 정보 기술을 활용해 조직에 대한 전반적인 지원을 하려고 한다. 그러기 위해서라도 일의 양을 늘리고 구성원들도 늘리는 것이 지금의 최우선 과제이다.

취재, 글 와타누키 케이코(渡貫惠子)

워커즈콜렉티브 핫링크 ワーカーズ・コレクティブ ほっとリンク

설립 연도: 2007년

사업 내용: 컴퓨터 상담, 강좌 개최, 강사 파견, 데이터 관리 업무 위탁, 홈페이지 제작

사업 매출: 약 400만 엔(2012년)

구성원 수: 5명

주소: 1-2-7 Chatelet-inn yokohama 705, Furo-cho, Naka-ku Yokohama-shi, Kanagawa, 231-0032, Japan

TEL/FAX: 045-228-8378

http://www.wco-hotlink.com/

워커즈콜렉티브 회전목마 치바

여성의 경제적 자립과 평생 현역을 꿈꾸다

재활용 가게와 시의회 의원

물건이 넘쳐나서 아직 쓸 수 있는 것도 쓰레기가 되어 버리는 시대이다. 먹거리와 환경을 중시하는 생협 활동에 참여한 것이 계기가 되어 여성의 자립과 지역에서의 새로운 노동 방식을 꿈꾸는 여성들이 치바현 사쿠라시에 재활용 가게 워커즈콜렉티브 회전목마를 설립한 것은 1985년의 일이다. 설립 당시 구성원은 7명이었고 대부분이 어린아이를 키우고 있는 30대였다.

처음에는 환경에 부담을 주는 합성 세제 사용을 중단하고 친환경적인 천연 세제를 사용하자는 계몽 운동에 주력했다. 학교 급식 현장에서 천연 세제를 사용하도록 청원하기 위해 시의회를 방문했을 때 마주한 건 생활

감각이 전혀 없는 남성 의원들이 시의회 대다수를 차지하고 있는 현실이
었다. "부엌에서부터 목소리를 내자! 여성 의원을 좀 더 늘리자."라는 의
견에 동조하는 개인과 시민 단체가 모여 정치 단체 '사쿠라 · 시민 네트
워크'를 결성했다. 이듬해 회전목마의 구성원 중 1명이 시의회 의원 선거
에 입후보해 1등으로 당선되었고, 4년 후에는 2명이 시의회 의원 선거에
도전해 지금까지 3명이 당선되는 쾌거를 이루었다.

피부양자에서 벗어나려는 시도

한편으로 성별 역할 분업에 의문을 가지고 있던 회전목마의 구성원들
은 사회 구조 및 제도를 정확하게 인식하고 자신의 생활비 정도는 자기가
버는 사업으로 만들겠다며 1993년 기업조합 법인격을 취득하고 구성원
전부가 사회보험_{사회보험은 협의의 사회보험과 광의의 사회보험이 있다. 협의의 사회보험은 건강보험, 장기노인요양보}
_{험, 후생연금보험을 말하며, 여기에 산재보험과 고용보험을 추가하면 광의의 범위가 된다─옮긴이}에 가입했다. 설립 초
기부터 현역 구성원이었던 니시야마 미요(西山美代) 씨(70세)는 이 절차가
상당히 까다로웠다고 회고했다.

"후생연금, 건강보험, 산재보험, 고용보험, 중소기업퇴직금공제에도 가
입했어요. 우리는 고용되지 않는 노동 방식을 취하고 있지만 노동자입니
다. 질병이나 전근 등으로 일을 못하게 되었을 때 그 어떤 보장도 받을 수
없다면 불안했을 거예요. 결국 사무실의 부담은 늘어났지만 그것이 사업

을 늘려가는 계기가 된 것도 사실입니다. 그리고 사업 계획, 점검, 개선이라는 작업을 하면서 자신들이 이 사업을 떠받치고 있다는 자각도 생겨났어요."

연 수입이 150만 엔 이상이 안 되면 후생연금에 가입하는 이점이 없기 때문에 시급을 높게 설정하고 노동 시간도 늘렸다. 재활용품 붐이 일어나서 한창 바빴던 시기에는 연 수입 350만 엔도 가능했다. 현재 대표를 맡고 있는 시가키 요코(志垣陽子) 씨(61세)는 일하는 방식에 공감해 12년 전에 구성원이 되었다. 피부양자에서 벗어나면서 자기 의견을 남편에게 확실히 말할 수 있게 되었고 스스로 생각하고 행동할 수 있게 되었다며, 힘들지만 후생연금을 계속 낼 수 있어서 다행이라고 말했다.

복합 경영으로 유치원 급식에도 도전!

1999년 지금의 건물로 이전했다. 1층은 재활용품과 유기농 식품, 2층에는 기모노 코너를 새로 만들었다. 마침 기모노 붐이 일어났고, 싸고 좋은 물건이 많다는 소문이 나서 매출도 크게 올라 사업의 중심이 되었다. 3년 뒤에는 3층을 빌릴 여유도 생겨 염원이었던 다목적 공간 '가이아 스페이스'를 오픈했다. 이곳을 라쿠고^{에도 시대에 시작된 일본의 전통 이야기 예능 - 옮긴이}나 콘서트, 태극권, 자연식 강습회, 기모노 리폼 교실을 하는 공간으로 활용하면서 현재 마을 만들기의 거점이 되고 있다. 설립된 지 17년, 드디어 3층

건물을 통째로 빌릴 수 있게 되었다.

2012년부터는 유치원 급식 사업을 시작했다. 일주일에 두 번 150인분의 급식을 만든다. 전날 밑 작업을 해 놓고, 이튿날 아침 8시 출근해 11시에 배달을 나가는 바쁜 나날이다. 재료와 먹거리에 대한 정성이 전해졌는지 아이들에게도 인기가 있다. 알레르기가 있는 아이들의 급식은 겉모양이 다른 아이들의 급식과 차이가 나지 않도록 식재료를 연구하면서 만든다. 수고를 아끼지 않는 세심한 배려가 오랜 신뢰로 이어지고 있다.

고민과 과제

이러한 회전목마에도 고민은 있다. 요즘 기모노 붐이 사라지면서 매출이 줄어 힘든 경영 상태가 계속되고 있다. 동일본대지진 이후 물건을 사는 것보다 정리하고 싶어 하는 사람들이 늘어 물건을 소유하지 않는 시대로 접어들고 있다. 이에 대한 대책으로 한 달에 한 번 지역 신문에 전단을 끼워 넣어 이웃에게 돌리고 있다. 또 고객 명단을 작성해 세일이나 리폼 전시회를 알리는 엽서를 200~500장 정도 발송하고 있다. 개인이 직접 받기 때문에 상당히 효과적이다.

가게 안에 둘 수 없는 대형 가구는 가게 앞에 사진으로 전시해 둔다. 전단 뒷면에는 '팝니다 · 삽니다' 코너를 만들어 품목 정보와 가격을 게재해 두고 문의와 상담에 응한다. 시가키 씨는 좋은 물건을 싸게 사서 기뻐

하는 손님의 얼굴의 보면 덩달아 기쁘다고 말한다. 젊은 사람들이 좀 더 많이 이용하기를 바라는데 어떻게 하면 좋을지 방법을 모색 중이다.

예전에는 경력에 따라 시급을 받았는데 3년 전부터 1,000엔으로 통일했다. 구성원은 기본적으로 주 3~4일, 월 110~140시간 일하며 역할에 따라 대표 수당과 운전 수당 등이 추가된다. 사회보험 가입은 어떻게든 유지하고 있으나 힘든 상황이기는 하다.

새로운 구성원이 만들어 내는 활기, 정년이 없어 평생 현역

작년 8월에 새로 구성원이 된 야코우 준코(谷古宇淳子) 씨(53세)는 아파트에 혼자 산다. 사무 관련 일을 하다 나이가 들면서 다른 부서로 이동하게 되었고 월급도 줄었다. 결국 퇴직을 하고 지인 소개로 회전목마에서 일하게 되었다. 지금은 서서 하는 일에도 익숙해졌고, 이렇게 일하는 방식을 진작 알았다면 좀 더 빨리 구성원이 되었을 거라고 한다. "아무튼 스트레스가 없어요. 몸 상태도 좋고요. 수입은 줄었지만 일터가 가깝고 옷이나 구두, 점심 식대로 나가는 돈이 적어 생활의 질은 그다지 변하지 않았어요."

기모노를 무척 좋아하는데 리폼한 기모노를 싸게 살 수 있고 그 옷을 입고 일하는 것도 즐겁다고 말한다. 좀 더 자리를 잡게 되면 홈페이지 제작도 해보고 싶고, 회계 소프트프로그램을 도입하면 회계 처리도 편해지므로 회계 사무소에 의뢰하는 경비도 줄일 수 있다며 의욕을 보였다.

　새로운 구성원이 들어오면 자극을 받아 활동이 활발해진다고 시가키 씨는 말한다. 정년이 없어서 일할 의욕만 있으면 평생 현역으로 일할 수 있다. 씩씩한 여성들의 도전은 앞으로도 계속될 것이다.

취재, 글 이노마타 에츠코(猪俣悦子)

기업조합 워커즈콜렉티브 회전목마 ワーカーズ・コレクティブ 回転木馬

설립 연도: 1985년

사업 내용: 유기농 식품 · 재활용품 · 리폼 기모노 판매, 유치원 급식 · 주문 도시락 제작

　　　　판매, 이벤트 · 각종 배움 교실 등

사업 매출: 약 2,430만 엔(2012년도)

구성원 수: 5명

주소: 3-27-10, Ojidai, Sakura-shi, Chiba, 285-0837, Japan

TEL/FAX: 043-489-9618

생활환경워커즈콜렉티브 그린벨 카나가와

환경에 부담을 주지 않는 하우스 클리닝 사업

청소 기술의 새로운 발견

취재를 위해 찾은 요코스카시의 생활클럽요코스카생활관 '유메칸'에서는 이미 삼각 두건에 앞치마를 두른 구성원들이 능수능란하게 청소를 하고 있었다. 가벼운 때는 친환경 이엠(EM, 유용 미생물군)을 희석한 용액을 뿌려 마른 수건으로 닦아 낸다. 기름때는 카와사키시민비누플랜트가 만든 천연 세제 '키나릿코'를 뿌린 뒤 젖은 나일론 수세미로 닦아 낸다. 그다지 힘을 들이지 않는데도 때가 쏙 빠진다.

창틀에 쌓인 흙먼지는 수건을 감아 만든 창틀용 솔로 긁어내면서 청소기로 빨아들이고 마지막에 수건을 감아 만든 주걱 모양의 봉으로 닦아 낸다. 순식간에 깨끗하게 만드는 기술에 압도당한다. 청소 도구는 백 엔 숍에서 파는 주방용품을 변용해서 사용한다.

청소가 어느 정도 마무리 되었을 때 스즈키 사이코(鈴木才子) 대표(54세)와 이야기를 나눠 보았다. "그린벨은 1996년에 생협의 천연 세제 운동을 사업화한 워커즈콜렉티브입니다. 천연 세제와 이엠을 사용한 하우스 클리닝 사업을 하고 있어요. 설립 때 함께했던 구성원들이 지금은 50~60대가 되었죠. 요코하마에서 하야마 지역을 중심으로 활동하고 있어요."

그린벨의 이념과 사업

그린벨은 2009년에 유한책임사업조합*(LLP)으로 사업을 시작했다. 설립 취지서에는 다음과 같은 내용이 들어 있다.

"우리가 매일 하는 세탁과 청소야말로 우리의 생활과 가장 밀접한 환경 문제라 할 수 있다. 우리가 흘려보낸 물은 돌고 돌아 결국은 우리에게 되돌아온다는 물의 순환을 생각하면 부엌과 욕실 배수구도 하천의 원류 중 하나다. 모든 생물의 생명의 원천인 물의 오염이 큰 문제가 되고 있는 오늘날, 우리는 하천의 수질 정화를 담당하는 미생물에 부담을 주지 않는

* 유한책임사업조합(LLP)
2인 이상의 출자자가 사업 기간을 정한 계약서를 갖춰 등기한다. 출자액과 관계없이 이익 배분 및 권한 등을 자유롭게 정할 수 있다. 법인이 아니므로 과세 대상은 아니나 이익 배분이 발생하면 출자자에게 직접 과세한다.

생활 방식을 제안한다. 또 화학 물질에 둘러싸인 생활이 아니라 자연과 공생하는 삶이 있는 곳에 우리의 건강이 있으므로 천연 세제의 보급과 판매, 천연 세제를 사용한 하우스 클리닝을 중심으로 사업을 추진한다."

그린벨의 주요 업무는 전체 매출의 80퍼센트를 차지하는 청소 사업과 천연 세제 판매, 강좌와 지역 이벤트 기획 사업이다. '내추럴 하우스 클리닝' 같은 강좌를 통해 환경과 순환형 회사에 대한 이해를 높이는 기획을 하는 점이 일반 청소업자와 크게 다른 점이다.

2시간의 단판 승부

하우스 클리닝은 정기 이용자라면 1회 1만 2천 엔 정도에 이용할 수 있다. 시급은 1,050엔(교통비 별도)으로 카나가와현의 최저 시급인 868엔보다 높다. 주어진 2시간 동안 몸과 머리를 최대로 가동해 일하고 나면 겨울에도 땀이 줄줄 흐른다. 스즈키 씨는 청소 업무를 프로레슬링의 고된 시합에 빗대어 '2시간의 단판 승부, 링위의 데스 매치'라고 부른다.

청소 기술을 향상하는 것도 매우 중요하다. 설립 당시 구성원 중에 일반 청소 회사에서 일했던 사람이 있어 거기서 배운 노하우를 모두가 공유했다. 정례 회의에서 이루어지는 정보 교환은 특히 중요하다. 예를 들어, 담당할 집마다 신경 써야 할 점이나 주의할 점이 다른데, A씨 집은 싱크대 배수 거름통을 깨끗하게 닦아야 한다거나 사무실 청소를 할 때는 중요한 서류가 섞여 들어갈 수 있으므로 쓰레기통 속은 절대 만지지 않는다는 등 사소한 것이라도 구성원들이 평소 작업하면서 느낀 점을 공유한다. 이런 것들이 직원들의 청소 기술 향상과 고객의 신뢰로 이어진다.

생협 조합원을 대상으로 강좌를 열어 젊은 엄마들에게 천연 세제를 이용한 하우스 클리닝 요령을 알려 주기도 한다. 영업은 특별히 하지 않지만 '그린벨 통신'을 발행해 생협 조합원에게 배포하고 있다. 그러나 뭐니뭐니해도 가장 중요한 영업은 고객의 입소문이다.

늘어나는 화학 물질 과민증

스즈키 씨는 청소 현장에서 일한 지 10년 정도 되는데, 요즘 특히 신경 쓰이는 것이 화학 물질 과민증으로 괴로워하는 사람들의 의뢰가 조금씩 늘고 있다는 것이다. 화학 물질 과민증을 가진 사람은 냄새에 민감해 청소하러 갈 때는 화장품, 헤어 제품 등은 사용하지 않고 천연 세제로 빤 옷을 입고 간다. 또 청소 전에 고객의 몸 상태를 묻는 등 세심하게 확인한다. 고객의 입장에서 일하는 것을 최우선으로 생각하며 유연하게 대응해 나갈 수 있다는 점이 워커즈콜렉티브의 강점이라고 스즈키 씨는 말한다.

천연 세제를 사용한 하우스 클리닝은 전국 각지에서 늘고 있다. 고정적인 고객이 생기면 안정적으로 일할 수 있어 창업을 추천할 만하다. 앞으로는 화학 물질을 사용하지 않은 하우스 클리닝 사업을 넘어 환경에 부담을 주지 않는 라이프 스타일을 제안해 가고자 한다.

취재, 글 혼마 미치코(本間道子)

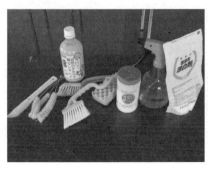

유한책임사업조합 생활환경워커즈콜렉티브 그린벨 ワーカーズ・コレクティブ グリーン
ベル

설립 연도: 1996년

사업 내용: 천연 세제·이엠을 사용한 청소, 천연 세제·이엠 등의 판매, 기획

사업 매출: 약 560만 엔(2012년)

구성원 수: 10명

주소: 2-7-18, Sakurayama, Zushi-shi, Kanagawa, 249-0005, Japan

TEL/FAX: 046-871-5368

카와사키시민비누플랜트 카나가와

주부들이 시작해 지역으로 퍼져 나가는 자원 순환의 고리

JR 카와사키역에서 버스를 타고 15분 정도 들어가 공장과 주택이 혼재해 있는 길을 걷다 보면 '카와사키시민비누플랜트(이하 비누플랜트)'의 작고 아담한 건물이 보인다. 1층과 2층은 작업장이고, 3층은 사무실과 회의실로 되어 있다.

회의실에서 기다리고 있으니 삼각 두건에 앞치마를 두른 우스키 카요코(薄木かよ子) 씨(62세, 이사장)가 3층 사무실과 1층 작업장을 바쁘게 오간다. 연일 계속되는 추위로 회수한 폐식용유의 점도가 올라가 바이오디젤 연료 제조기 필터 안이 막힌 것이다. 연료 제조기 주변에 전기담요를 감아 따뜻하게 해주자 필터가 뚫려 문제가 해결되었다. "유기물이라 예측하기 어려운 문제가 발생해요. 그럴 때마다 외부 전문가에게 물어보거나 구성원들이 지혜를 모아 대처하고 있습니다."라고 말한다.

비누플랜트는 2013년에 창업 24주년을 맞이했다. 설립 초기부터 내세우고 있는 "사람과 사람의 연결을 소중히 하고, 친환경 비누 '키나릿코'를 널리 보급한다. 이를 통해 카와사키시 안에서 지역 자원 순환의 고리를 넓혀 나간다."는 방침은 여전히 변함이 없다.

날로 확대되는 천연 세제 제조 판매 사업

1977년, 시가현 비와호에 적조가 대량으로 생겼다. 원인은 합성 세제에 포함된 인산으로 인한 호수의 부영양화였다. 이를 계기로 전국에서 합성 세제 추방 운동이 확산되었고 카와사키시의 주부들도 들고일어났다.

"빨래할 때는 수질에 좋은 친환경 비누를 사용하자, 폐식용유를 하수구에 버리지 말자, 폐식용유를 모아 재활용 비누를 만들자."며 생활클럽 생협, 노동조합, 시민 6,000명이 1,000만 엔의 출자금을 모았다. 이 돈을 자본금으로 해서 카와사키시로부터 토지를 빌려 1989년 11월 카와사키구 오우기마치에 비누플랜트를 설립했다.

그해 12월에는 당시 30대 후반이었던 주부 7명이 비누플랜트의 운영을 담당할 워커즈콜렉티브 '사본소'를 설립했다. 비누 제조, 경리, 일하러 오는 사람들의 관리 등이 주요 업무였다. 시급은 설립 당시 500엔이었는데, 현재는 1,100엔이 되었다.

"비누 제조에 대해서는 완전히 초보였어요. 대기업 비누 회사를 퇴직한 사람에게 하나부터 배워 나갔죠. 폐식용유를 원료로 사용하기 때문에 비누 품질이 안정될 때까지는 시행착오의 나날이었어요. 지금은 냄새도 적고 물에도 잘 녹고 비누 찌꺼기도 거의 없고 재채기도 안 나오는, 누구나 인정할 수 있는 제품을 만들고 있죠."라고 우스키 씨가 말했다.

2005년, 공장을 카와사키구 시오하마로 이전하면서 특정비영리활동 법인을 취득했다. 이것이 지자체와 연계하여 사회 운동을 해 나가는데 큰 밑거름이 되고 있다.

그 후 재활용 비누 사용은 카와사키시 안에서 크게 확대되었다. 시내 초등학교 급식에서 사용한 폐미강유를 회수해 비누플랜트에서 '키나릿코' 세제로 재탄생시켜 학교 급식 현장에서 그릇을 씻는 데 사용하고 있다.

처음에는 2개 학교에서 시작했는데 지금은 115개 학교 중 108개 학교가 참가하고 있다. 비누 판매처도 초등학교, 어린이집에서 일반 판매점, 전국 통신 판매로 늘어나 현재 약 2,500만 엔의 매출을 올리고 있다.

장애인과 함께

공장 설립 초기부터 장애인의 사회 복귀를 지원하기 위해 장애가 있는 남성 2명과 함께 일하고 있다.

공장은 1993년에 시로부터 '카와사키시 지적 장애인 지역복지작업장' 인증을 받았다. 명칭은 '사본소'의 이름을 따서 '사본소작업장'이라고 지었다. 한꺼번에 지적 장애인(남성) 14명을 받아들이는 바람에 당시 구성원들이 적지 않게 당황하기도 했지만, 지자체 연수에 참가하면서 장애인에 대한 이해를 넓혀 갔다. 현재는 구성원 3명이 정신보건복지사* 자격증을 가지고 있다.

작업은 장애인들과 협동해서 한다. 폐식용유 회수, 세제 포장과 운반 등 현장에서는 18리터 통을 들어 올리는 힘쓰는 일도 많다.

시에서 지원금이 나오기 때문에 공장 운영도 안정되었다. 노동 시간은 주 4일, 1일 3.5시간을 기준으로 한다. 본인의 건강 상태를 최우선으로 하면서 틈틈이 휴식을 갖고 약도 챙기는 등 꼼꼼하게 대응하고 있다. 급여는 많이 받는 사람이 월 7~8만 엔 정도이고 시급은 평균 600엔이다. 일반적인 장애인 작업장의 시급이 200엔 정도임을 생각하면 월등히 높은 임금이다. 금요일은 생일 파티 같은 행사를 열어 장애인끼리의 교류도 꾀하고 있다.

새로운 에너지 바이오디젤연료(BDF)

2011년에는 합성 세제 추방 운동을 함께하고 있던 단체인 카와사키생

---

* 정신보건복지사
정신보건복지사법(1998)에 기초하여 정신 장애인의 보건 및 복지에 관한 전문 지식과 기술을 가지고 사회 복귀에 대한 상담 지원을 하는 자로서 국가 자격시험에 합격해야 한다.

활클럽생협, 카와사키를 바꾸는 프로젝트*와 협력하여 공장에 바이오디젤연료 제조 장치를 설치했다. 폐식용유를 재활용해서 화석 연료에 의존하지 않는 새로운 에너지 활용을 추진 중이다. 비누플랜트에서 제조된 바이오디젤연료는 자사 트럭과 생협의 선전용 차량, 공급 차량, 친환경 버스 외에도 이벤트 행사장 발전기에도 사용된다.

공장 견학, 출강, 가족과 함께하는 여름방학 환경 학습회, 공장 개방 등의 행사를 통해 지역 주민과의 교류에도 힘쓰고 있다. 2011년부터는 독립행정법인 국제협력기구(JICA)에서 연수도 오고 있다. 비누플랜트는 자원이 순환하는 마을 만들기 활동을 앞으로도 더욱 확대해 나갈 것이다.

취재, 글 혼마 미치코(本間道子)

* 카와사키를 바꾸는 프로젝트
물과 천연 세제에 관한 정보 제공과 수집, 환경 활동에 관한 연구, '카와사키시민비누플랜트'와 연계한 천연 세제 사용 촉진, 환경 마을 만들기를 위한 인재 육성, 체험형 강좌, 환경 교육 추진, 환경에 부담을 주지 않는 재생에너지(태양광, 풍력, 수력 등) 보급, 신 바이오에너지 검토를 주제로 폐식용유 회수 · 재이용 · 생산 · 소비의 자원 순환 사이클을 만들기 위해 폭넓게 시민이 참가하여 활동하고 있다.

특정비영리활동법인 카와사키시민비누플랜트 川崎市民石けんプラント

설립 연도: 1989년

사업 내용: 비누 제조 판매, 지역활동지원센터 운영, BDF(바이오디젤연료), 시민 활동
협력

사업 매출: 약 5,630만 엔(2012년)

구성원 수: 13명

주소: (공장, 사본소) 2-21-3, Shiohama, Kawasaki-ku Kawasaki-shi, Kanaga
wa, 210-0826, Japan

TEL/FAX: 044-276-0739/044-288-5766

주소: (사본소 II) 3-1-13, Kajigaya, Takatsu-ku Kawasaki-shi, Kanagawa, 213-
0015, Japan

TEL/FAX: 044-740-9186/044-865-5185

http://kinarikko.kazekusa.jp

워커즈콜렉티브 풍차 치바

재사용 식기로 시작한 지역의 교류 공간 만들기

두 사람의 만남과 재사용 식기와의 만남

시모무라 사요코(下村小夜子) 씨(59세)는 1988년 치바현 사쿠라시에서 등교 거부 학부모회를 세웠다. 2004년 그 모임에서 시모무라 씨는 나카무라 사와(中村早和) 씨(61세)를 만난다. 나카무라 씨는 도시락·주문요리 워커즈콜렉티브에서 일하고 있었는데 전부터 등교 거부, 은둔형 외톨이, 장애가 있는 젊은이들이 만나고 교류할 수 있는 공간을 만드는 일을 워커즈콜렉티브 형태로 실현하고 싶어 했다. 시모무라 씨도 창업에 관심을 가지고 있어서 둘은 의기투합했다.

바로 할 만한 일을 찾아보기로 하고 지역에 무엇이 부족한지를 둘러보던 차에 눈에 띈 것이 야마나시현에서 재사용 식기 대여 사업을 하고 있는 '특정비영리법인 활동법인 스페이스 후'에 대한 신문 기사였다. 두 사람은 바로 견학을 갔다.

이벤트 등에서 사용하는 일회용 식기는 엄청난 양의 쓰레기가 된다. 그것을 씻어서 다시 사용하는 재사용 식기로 바꾼다면 쓰레기도 줄일 수 있고 환경에도 좋다. 이거다! 게다가 식기 세척, 멸균 소독, 건조, 보관 등의 작업은 특별한 기술과 자격이 필요하지 않아 누구라도 할 수 있다.

일은 정해졌는데 장소가 없었다. 거의 포기하려 할 때 마침 나카무라 씨 옆집이 매물로 나왔다. 나카무라 씨가 그 집을 사서 제공해 주겠다는 통 큰 결단을 해 장소 문제는 해결되었다. 사업에 필요한 기계나 식기, 컨테이너 등은 발기인 4명이 50만 엔씩 출자해서 준비했다. 지자체와 단체에서 지원금을 받고, 자금을 지원해 줄 찬조 회원도 모집해 2008년 10월, '워커즈콜렉티브 풍차'가 출발했다.

풍차의 고민

일하는 구성원은 은둔 생활 경험자와 장애가 있는 사람, 그들의 부모, 지역 사람들이다. 이름이 알려지지 않아 우선은 영업 활동에 힘을 쏟았다. 팸플릿을 만들고 홈페이지도 열었다.

이벤트 외에도 유치원 급식의 도시락 상자 이용과 반찬 보관 통 세척도 정기적으로 하고 있다. 먼 곳이라도 택배로 보낼 수 있고 사용한 식기는 그대로 수납 상자에 넣어 다시 보내면 되기 때문에 전국 어디서나 이용 가능하다는 점이 큰 장점이다.

"2012년에는 유명 가수가 관여하는 ap뱅크 페스티벌이라는 큰 이벤트에서도 주문이 들어왔어요. 대부분이 다시 이용해 준다는 점이 무엇보다 기뻐요."라고 나카무라 씨는 말한다.

이용이 늘고는 있지만 아직 일이 많지 않다. 또한 젊은 사람들의 근무 시간표를 짜는 일도 좀 힘들다. 성격상 안 맞는 등 일과 사람의 조합이 어렵다고 한다. 개개인에 대한 대응을 어떻게 할 것인지는 7명의 구성원이 회의를 통해 이야기 나누고 정보를 공유하면서 그에 맞춰 근무 시간표도 짜고 있다. 어떤 사람이든 그 사람의 개성을 이해하고 부정하지 않으면서 받아들인다. 이것이 풍차의 원칙이다.

어느 날의 풍차 풍경

취재하러 간 날은 부엌 싱크대에서 유치원 도시락을 씻고 있었다. 앞치마와 모자를 쓴 4, 5명의 젊은이와 구성원이 싱크대에 늘어서서 식기를 씻어 케이스에 담은 뒤, 식기 세척기가 있는 세척실로 가져가 세척한 다음 2, 3명이 행주로 정성스럽게 닦아 별도의 케이스에 담아 멸균 건조기에 넣는다. 빈 케이스는 수납실에 보관한다.

쉴 틈이 없지만 모두의 얼굴은 활기차고 즐거워 보인다. 자신들이 있을 곳이 있고 일하는 즐거움을 느낄 수 있다. 작업장에는 활기와 따뜻한 기운이 감돈다.

다른 방에서는 젊은 사람 몇 명이 컴퓨터 작업을 하고 있고, 다른 이들은 행주로 컵을 닦고 있었다. 이곳에 온 지 얼마 안 되었다는 이들은 아직 말이 없고 표정이 굳어 있었다. 가끔 견학을 위해 방문하는 사람들은 공동 대표인 나카무라 씨와 시모무라 씨가 응대하고 있었다.

2층에는 모임 공간이 있다. 모퉁이도서관, 노래광장, 양재나 기모노 리폼, 강연회, 독서 모임, 그림 모임 등 없는 게 없다.

월 1회 근처 교회의 예배당을 빌려 탁구 치는 날도 있다. 교회에서 무료로 장소를 빌려주고 있다.

풍차에서 활기를 찾아가는 젊은이들

2011년에는 특정비영리활동법인이 되었고, 이듬해에 치바현의 지역활동지원센터로 인정 받아 문의가 늘었다. 매일 4, 5명의 이용자가 찾아온다. 대부분 사쿠라시 사람이지만 마츠도시나 우라야스시에서도 이야기를 듣고 찾아온다.

"이 정도로 갈 곳이 없는 사람이 많다는 데 놀랐어요. 취업 지원 시설은 많지만 여기는 훈련 시설이 아닙니다. 중요한 것은, 고민이 있고 힘들어하는 사람들을 안 된다고 부정하지 말고 삶의 방식과 일의 방식에 대한 다양성을 인정하면서 서로의 존재 가치를 받아들이는 것입니다. 있는 그 대로 괜찮다고 말해 줍니다. 일도 제공하는 교류 공간이라 일을 좀 더 늘려 분배금(인건비)을 늘리고 싶어요."라고 시모무라 씨는 말했다.

나카무라 씨는 앞으로 카페나 운동을 할 수 있는 공간, 장애인도 살 수 있는 집을 함께 만들고 싶다고 한다. 올해로 5년째를 맞이했다. 아직 궤도에 올랐다고 할 수 없지만, 은둔형 외톨이나 장애가 있는 사람들이 여기에 와서 건강해지는 것을 보고, 그 부모들이 기뻐한다는 이야기를 들으면 지역이 우리를 필요로 하고 있구나 하는 생각에 기쁘다고 한다.

다른 워커즈콜렉티브 사업소에서 거의 풀타임으로 일하기 시작한 사람이나 치바현 서포트센터에서 일하는 사람 등 다음 단계로 나아가는 젊은이들도 있다. 풀을 뽑으러 왔다며 지역 주민들도 응원해 주기 시작했다. 누구나 나답게 시간을 보낼 수 있는 장소, 그것이 풍차이다. 지역도 함께 조금씩 변화하고 있다.

취재, 글 이노마타 에츠코(猪股悦子)

특정비영리활동법인 워커즈콜렉티브 풍차 ワーカーズコレクティブ 風車

설립 연도: 2008년

사업 내용: 지역활동지원센터, 재사용 식기 대여, 교류 공간 상담

사업 매출: 약 180만 엔(2012년도)

구성원 수: 17명

주소: 2-7-6, Inaridai, Sakura-shi, Chiba, 285-0864, Japan

TEL/FAX: 043-461-5616

와코레 캐리 카나가와

다양한 근로 형태와 개성이 모인 보물 상자 같은 물류 직장

캐리 사무소의 어느 날 아침 풍경. 큰 소리로 인사를 나누며 그날 할 일을 확인한다. 오늘 하루도 활기차고 안전하게 운전하려면 아침의 환한 미소와 활기는 매우 중요하다.

24시간 365일 체제

1992년, 생활클럽생협카나가와의 공급 업무를 일부 위탁 받으면서 조합원들이 '워커즈콜렉티브 캐리'를 설립했다. 영어로 '옮기다'는 뜻의 'carry'에서 이름을 가져왔다. 그 후 '기업조합 와코레^{워커즈콜렉티브를 줄인 말 - 옮긴이} 캐리'가 되었다.

116

생활클럽생협의 우유 공급 사업을 위탁 받은 것이 계기가 되어 생협 관련 단체 사이의 정기 물류, 카탈로그에 실린 물건을 판매하는 '캐리 클럽', 지역에서의 간단한 배달에 차와 운전자를 시간 단위로 빌려주는 커뮤니티 배송 '부담 없는 포터편' 등 새벽부터 밤까지 24시간 365일 체제로 운송 사업을 펼치고 있다. 그중에서도 판매 사업으로 카탈로그를 만들고 매입부터 배달까지 일 년 내내 영업 활동을 하는 캐리 클럽은 지진 피해 지역이나 각지의 농산물을 취급하는 생산자와 고객을 이어주는 다리 역할을 하고 있다.

현재 구성원은 80명으로 모두 출자 및 배송을 하고 있고, 월 1회 회의에도 모두 참여한다. 근무 불평등은 대화를 통해 정한 규칙으로 극복하며, 모두 경영자가 되어 사업을 하고 있다. 공급 직원의 시급은 1,100엔 ~1,200엔이다. 새벽과 심야에는 시급 할증도 있다. 안전 운전 교육에 힘을 기울이며 사고 시의 페널티 제도도 엄격하게 정해 놓았다.

각각의 근로 형태

구성원들을 보면 남자가 30명으로 약 40퍼센트를 차지한다. 싱글맘, 싱글대디부터 20대에서 70대까지 각자의 생활 스타일이나 조건에 맞춰 일하고 있다.

아이가 아직 어려 손이 많이 가는 연령대의 싱글맘에게는 일을 서로 교대해 주는 체제가 필요하다. 실제로 근무 시간 교대는 자주 일어난다. 육아가 일단락되면 주 5일이나 6일을 꽉 채워 일하는 사람도 많다.

어떤 싱글대디는 대기업 샐러리맨인데 육아와 부모님 간병 때문에 수입이 더 필요해 일요일에만 일한다. 취미나 자신의 활동을 우선시하는 30대 젊은이, 한창 육아 중이라 오전에만 일하고 싶어 하는 주부도 있다. 정년퇴직 후 건강을 위해, 사회에 기여하기 위해 주 2~3일만 여유롭게 일하는 남성도 몇 명 있다. 낚시나 사교댄스, 골프에 등산까지 취미도 다양한데 일과 잘 병행하고 있다.

캐리에서는 70세를 운전 업무의 정년으로 보고 있지만, 실제 정년은 없다. 75세와 78세의 남성 2명은 이사 운전 보조로 활기차게 현역으로 활약하고 있다.

투잡의 현황

스리랑카인 P씨는 인종 차별 때문에 일반 회사에서 일하기가 힘들어 캐리에서 일하기 시작했다. 사이타마현 토다시에 있는 빵 공장 작센에서 카나가와현 아야세시의 빵 공장 얼터푸즈를 거쳐 츠쿠이까지 빵을 배달하는 일을 6년간 매일 해왔다. 무리 없이 일하던 50대 중반을 지나 주 5일의 중거리 운전이 몸에 무리가 되어 다음 직장으로 옮겼다.

투잡을 하는 구성원은 많다. 택시 기사, 대기업 샐러리맨, 낮에는 캐리에서 배송 업무를 하고 저녁에는 아르바이트를 하는 사람도 있다. 각자 사정이 있는 사람을 받아주는 직장인 반면, 오래 일하고 싶어 하는 사람의 안정적인 직장이 되기에는 아직 좀 더 시간이 필요하다.

남녀 모두 투잡이 증가하는 가운데 어떻게 캐리의 일을 늘려 갈 것인지가 앞으로의 과제이다.

엄마의 마음으로 젊은이들을 지원

또한 캐리는 카나가와의 특정비영리활동법인 워커즈콜렉티브협회를 통해 은둔 생활을 하는 젊은이들의 취업 지원을 하고 있다. 매년 젊은이들이 빠지지 않고 연수를 오는데, 이곳 사람들의 정성에 감동해서인지 훈련 후에 건강하게 일을 시작하는 예도 많다.

인상 깊었던 젊은이가 있다. 연수에 오기 전까지 지원 조직의 직원에게 한마디 말도 하지 않던 T씨가 열흘간의 훈련을 마친 후 갑자기 꿈에 대해 이야기를 했다고 한다. 지원 조직의 직원은 그때 일을 훗날 감격에 겨워하며 들려주었다. 캐리가 가진 모성과 너그러움이 젊은이들의 마음을 풀어준 것이라고 캐리의 멤버들은 자부한다. 돈으로 대신할 수 없는 가치의 체현이다.

훈련 후 캐리의 구성원이 된 젊은이는 현재까지 3명이다. 그중 1명은 대형 버스 운전 면허를 따서 취직해 보란 듯이 자립해서 나갔다.

대가족 캐리

새벽부터 밤늦게까지 일하지만 캐리 구성원들의 가정은 원만하다. 구성원들이 열심히 사는 모습을 보고 가족들도 인정해 주는 것이 아닌가 생각한다. 가족들의 깊은 이해가 힘이 된다.

캐리는 일 잘하는 사람만 대접 받는 곳이 아니다. 1년에 한 번 요코하마 시의 카모이 축제를 생활클럽생협과 캐리가 공동 주최하는데, 이때 축제에 관련된 자신의 능력을 발휘하는 사람이 있다. 회의에서 지혜를 발휘해 분위기를 고조시켜 주는 사람, 배달은 많이 하지 않지만 '걸어 다니는 확성기'라 불리며 주변에 활기를 불어넣는 사람, 그런 빛나는 사람들이 모여 캐리의 분위기를 북돋운다.

캐리는 그 자체가 큰 가족이다.

취재, 글 쿠마모토 요코(熊本容子) · 요시다 아츠코(吉田厚子)

기업조합 와코레 캐리 ワ-コレ・キャリー

설립 연도: 1998년

사업 내용: 일반 화물 운송, 소형 화물 운송, 식품 물품 판매, 미니 이사

사업 매출: 약 1억 9,730만 엔(2012년도)

구성원 수: 80명

주소: 2430-1, Kamoi-cho, Midori-ku Yokohama-shi, Kanagawa, 226-0004,
　　　Japan

TEL/FAX: 045-934-1911/ 045-929-1130

http://www.carry-club.jp/

3장
나답게 일하는 동료들

함께하길 잘했다! 워커즈콜렉티브

우연이 계기가 되어 어느덧 정신을 차려
보니 워커즈콜렉티브에서 일하게 된 사
람들의 이야기이다. 서로의 노동 방식을
존중하며 다양한 업종에서 일하고 있다.

니트족을 거쳐 여기 이 일터에서 일할 의욕을 되찾다

오다(가명)

학교를 다니거나 사회에서 일하고 싶은 마음은 있지만, 니트족^{NEET Not in} Education, Employment or Training 일하지 않고 일할 의지도 없는 청년 무직자를 일컫는 신조어 - 옮긴이에서 벗어나지 못하는 젊은이들이 많다. 어떤 계기로 사회 복귀를 할 수 있다면 그것은 본인뿐만 아니라 사회에도 가치가 있다.

이력서 없이도 일할 사람을 받아 주는 일터

토쿄 하치오지시 남부 카타쿠라초에 있는 '특정비영리활동법인 코스모스'는 국산 밀로 천연 발효 빵을 만들어 판매하면서 카페 사업도 하는 워커즈콜렉티브이다.

이곳에서는 사업을 통해 지역의 다양한 세대들에게 일터와 모임 공간을 만들어 주고 있다. 일하고 싶어 하는 사람은 남녀노소 누구나 이력서 없이 모두 받아들인다.

방문한 날은 사쿠마 히로코(佐久間寛子) 대표(59세)와 셰프이자 레스토랑 경영 경험이 있는 남성(66세), 그리고 오다 씨(20대 여성)가 일하고 있었다.

제법 봄기운이 완연했던 이 날은 점심 손님이 많아서인지 점심시간이 지났는데도 주방은 여전히 분주했다. 손님이 많은 건 좋은데, 좁은 주방에서 빵도 만들고 점심도 만들어야 해서 두 가지가 겹치면 정신이 없다고 사쿠마 씨는 조용히 웃으며 말했다.

어느 정도 마무리가 되었는지 취재에 응해 줄 여성이 노란색 두건과 빨간색 앞치마를 벗고 옅은 푸른색 셔츠 차림으로 나타났다. 당신의 어머니 세대보다 나이 많은 숙녀들이 많은데 직장에서 일하는 것이 즐거운지 물었더니 '숙녀'라는 말에 그녀는 웃음을 터뜨렸다. 이어 맑은 목소리로 말을 꺼냈다.

워커즈콜렉티브와의 만남

"이름을 밝히기는 좀…. 오다(가명)라고 해 주세요. 24살입니다. 2012년 12월부터 일하기 시작했어요. 친절하고 좋은 분들이 많아서 정말 즐거워요. 여기 오기 전에는 1년 정도 니트족 생활을 했어요. 돈도 못 받는 블랙 기업을 전전하면서 정신적으로 지쳐 집에서 부기 자격증 공부를 하고 있었어요.

고등학교 졸업하고 디지털 관련 기술을 배우고 싶어 전문학교에 입학했지만, 공부 의욕이 없는 학생이 많고 강사도 의욕이 없어 취업을 도와주지 않았어요. 한 강사가 홈페이지 제작을 알선해 주었는데 반년 동안 일하고도 돈을 받지 못해 학교를 불신하게 되었습니다.

마음이 회복되었을 때 홈페이지 만드는 법을 잊지 않기 위해 어느 NPO의 홈페이지 제작 자원봉사를 시작했어요. 그 NPO가 주최하는 강좌에 참석해 워커즈콜렉티브협회 분의 말씀을 듣고 매우 흥미롭다고 생각했죠.

사장이 없고 모두가 수평적이라는 말을 듣고 내가 지금껏 당해 온 심한 대우는 안 받겠구나 생각했어요. 게다가 워커즈콜렉티브가 생긴 지 30년이 넘고 다양한 사업을 하고 있는데, 망한 곳은 몇 군데 안 된다는 말을 듣고 경영학을 배울 기회가 되겠다 싶어 워커즈콜렉티브협회에 연락해 코스모스를 소개 받았죠."

부기 1급을 목표로

"부기를 공부한 이유는 돈 문제로 고생했기 때문에 알아두고 싶었던 것도 있고, 또 블랙 기업에서 일하는 사람들이 대부분 가난해요. 고생하면서 아이를 키우는 사람도 많고 비단 나만의 문제가 아니라 느껴져 부기로 뭔가 도움이 될 수 있겠다 생각했어요.

지금은 부기 2급이라 1급을 목표로 하고 있어요. 학교에는 불신감밖에 없어서 일 있는 날은 5, 6시간, 휴일은 10시간을 모두 독학으로 공부하고 있어요. 부기를 알게 되어 다행이라 생각합니다.

취업할 때까지는 여기서 일하고 싶어요. 급여는 확실히 낮지만, 그보다 내 상황에 맞춰 오래 일할 수 있어서 좋아요. 주로 손님 대응을 하는데 빵 포장이 제일 재밌어요. 즐겁게 수긍하면서 일할 수 있는 직장이에요.

순탄하게 고등학교와 대학에 진학해 대기업에 취직한 사람은 워커즈 콜렉티브라는 노동 방식이 흥미 없을지 몰라요. 하지만 그렇지 않은 사람이 세상에는 더 많습니다. 니트족처럼 좌절한 사람에게 꼭 알려주고 싶은 노동 방식이에요. 저도 니트족이었을 때랑 표정이 달라졌다는 걸 느껴요."

일하고 싶은 사람은 누구나 환영

내 눈을 똑바로 바라보며 오다 씨는 차분하게 많은 이야기를 해 주었다. 함께 일하는 동료들은 전혀 몰랐던 오다 씨의 다른 모습이었을지 모른다. 코스모스에서는 이력서도 요구하지 않고 경력도 묻지 않는다. 이야기하고 싶을 때 들어 줄 수 있는 관계를 만들고 싶어 하는 사쿠마 씨와 동료들의 생각 때문이다.

빵 매출이 늘지 않고 카페 사업도 불안정해 충분히 임금을 나누기 어렵지만, 이곳에는 오다 씨를 비롯해 20대 남녀 4명이 일하고 있다. 과묵하고 사람과 이야기 나누는 것이 서툰 26살 남성은 휴대전화 요금 정도라도 벌고 싶다며 3년째 다니고 있다. 2013년에 대학을 졸업하는 여성은 졸업 후에도 여기서 계속 빵을 만들고 싶다고 말한다.

"일하고 싶은 사람은 누구나 환영합니다. 함께 상의해서 가능한 일부터 해봅시다."라며 지역 사람들을 받아들이고 있는 코스모스는 개성을 존중하고 나답게 일하면서 자신의 아픔을 극복할 수 있는 곳이다. 코스모스는 인생을 모색 중인 오다 씨 같은 젊은 사람들을 지켜 주고 계속 응원할 것이다.

취재, 글 츠보이 마리(坪井眞理)

특정비영리활동법인 코스모스 こすもす

설립 연도: 2008년

사업 내용: 빵 제조 판매, 카페 운영, 이벤트 기획, 고령자 장애인 취업 지원, 식품 위탁 판
매

사업 매출: 약 1,300만 엔(2012년도)

구성원 수: 20명

주소: 440-15, Katakuramachi, Hachioji-shi, Tokyo, 192-0914, Japan

TEL/FAX: 042-686-2622

워커즈콜렉티브 미즈 캐롯

평상심을 신조로

후쿠다 요시코(福田芳子)

함께 일하는 워커즈콜렉티브이지만 때로는 한 사람의 계속하려는 열의가 위기에 빠진 워커즈콜렉티브를 구하기도 한다.

좁은 주방에서 도시락 300개를 만들다

요코하마에서 토큐토요코선을 타고 세 정거장 가면 하쿠라쿠역이 나온다. 개찰구를 나오면 작은 가게가 빼곡히 들어선 번화한 상점가가 펼쳐지는데, 카나가와대학의 깃발이 늘어서 있고 사람들의 왕래도 잦아 활기 넘치는 동네이다. 걸어서 5분 정도 상점가를 빠져나간 곳에 자칫하면 지나칠 수 있는 작은 간판 '닌진'이 나온다. 후쿠다 요시코 씨(66세)는 직원

5명과 함께 점심을 먹고 있었다. 그중 둘은 젊은 남성이다.

반찬만이라도 먹어 보라고 조리대에 늘어놓은 반찬을 재빨리 담아 주는 후쿠다 씨. 닭고기 고추잡채, 태국풍 당면 샐러드, 호박 조림, 콩 조림 등이 보기 좋게 놓여 있다. 오늘은 이 반찬으로 도시락 300개를 만들었다고 한다. 배달하는 곳은 일반 회사, 고등학교와 대학교 교직원, 관공서, 지역 장애인 작업장 등이다. 절대 넓지 않은, 오히려 좁다고 해야 할 부엌에서 바쁜 일을 끝내고 한숨을 돌리는 분위기였다.

아침에 나갈 때는 평상심을!

1982년, 일본에서 최초로 생긴 워커즈콜렉티브가 닌진이다. 닌진의 롯카쿠바시 지점이 생긴 건 1990년이다. 이 사업이 200명 정도로 규모가 커지고, 주문 도시락, 반찬, 매장 운영 등 업종이 많아지면서 민주적 운영이 어려워지자 주문 도시락 부문의 5개 지점이 독립해 1994년, 기업조합 '워커즈콜렉티브 미즈 캐롯'을 설립했다. 각 지점은 독립채산제로 운영되는데, 그중 하나가 롯카쿠바시 지점이다.

"한 달에 180~200시간 정도 일해요. 하루 8시간, 아침 7시 15분부터 오후 4시에서 6시 정도까지 일하고 시급은 1,150엔입니다. 지금은 미즈 캐롯의 감사로 고정급 23만 엔을 받고 있고 특별퇴직금제도에 가입해서 매달 1만 엔을 적립하고 있어요. 매년 지점별로 여행도 갑니다."

"가족이 잘 도와줘요. 아이가 둘인데, 아이들이 어릴 때는 이것저것 많이 만들어 줬죠. 아이들이 '엄마 손은 금손'이라고 했을 정도예요. 그랬던 아이들도 이제 다 독립해서 지금은 남편과 둘이 살아요. 일을 계속하기 위해 특별히 신경 쓰는 부분은 일하러 갈 때 평상심을 유지하는 거예요. 바쁘게 집안일을 하다 직장에 가고 싶지 않아 아침에 일어나면 남편과 아침 식사를 한 후 아무것도 하지 않고 나가요. 빨래나 청소는 일주일에 두세 번 퇴근 후에 한꺼번에 합니다."

오랜 바람을 실현하다

"최근 기쁜 일이 있었어요!" 후쿠다 씨의 얼굴에서 빛이 난다.

요코하마시 공립 중학교는 급식이 아니라 도시락을 싸 간다. 도시락을 못 싸 오는 아이들은 편의점에서 도시락이나 빵을 사 먹는다. 이를 보면서 우리가 만든 도시락을 먹이고 싶다고 늘 생각했단다. 그래서 학교에 제안해 보았지만 수량이 많지 않고 행정적으로도 번거로운 데다 수지도 안 맞는다며 난색을 표해 실현되지 못했다.

그랬던 것이 바로 2주일 전, 도시락을 주문해 먹던 고등학교 선생님의 소개로 2013년 4월부터 도시락 배달 계약을 하게 되었다.

주문을 한 학교는 카나가와중학교이다. 교사 10명, 학생 10~20명 정도의 도시락을 배달하게 되었다. 계속 바라던 일이 마침내 실현되었다.

큰 위기! 동료에게 도움을 받다

순조롭게 운영되고 있지만 위기가 없었던 건 아니다. 롯카쿠바시 지점을 시작한 지 2년 되던 해에 구성원 모두가 그만두는 큰 위기를 맞았다. 주문 도시락을 만드는 일이 생각 이상으로 힘들다는 게 이유였다. 후쿠다 씨가 회의로 가게를 비운 다음 날 함께 그만둔 것이다. 그때 후쿠다 씨는 절망할 겨를도 없이, 800만 엔을 들여 만든 직장을 이대로 없앨 수 없다는 일념으로 아르바이트를 고용하고 이웃 지점의 도움을 받아 1년만에 다시 일어설 수 있었다.

"메뉴 짜기, 식자재 매입, 도시락 만들기, 배달, 결산까지 혼자서 다 했어요. 당시 하루 주문 도시락 수가 150개 정도였어요. 정말 그때는 많은 사람의 도움을 받았죠."

지금은 옛이야기처럼 웃으며 말하지만 얼마나 힘들었을까? 당시 후쿠다 씨가 모든 일을 혼자 처리해 내던 활약상이 눈앞에 떠오르는 듯했다.

맛있는 도시락을 계속 만들고 싶다

"영업은 안 해요. 도시락 그 자체가 영업이라고 생각하니까요. 아무리 영업을 해도 도시락이 맛없으면 주문이 안 들어와요. 그래서 직원들에게 평상심이 중요하다고 말합니다. 마음이 흐트러지면 맛이 일정하지 않아 맛있는 도시락을 만들 수 없어요. 그래서 '후쿠다교(敎)'라는 말을 듣고 있어요(웃음)."

장래 희망은 쭉 키워 온 이 직장에서 계속 일하는 것이다. 집에서 걸어서 15분 걸리는 이 직장을 통해 이 지역은 후쿠다 씨의 마을이 되었다. 후쿠다 씨가 그만둔다 해도 새로운 사람이 키워져 있다.

"은둔형 외톨이나 자폐증 아이들이 함께 일할 수 있는 장소를 만든 것이 지역 사회에 대한 작은 기여라 할까요." 후쿠다 씨는 말했다.

현재 아이를 키우는 데 전념하고 있는 딸도 다른 워커즈콜렉티브의 구성원이다. 쉬는 날은 8개월 된 손자를 보러 가는 것이 즐거움이다.

취재, 글 야마노이 미요(山野井美代)

기업조합 워커즈콜렉티브 미즈 캐롯 ワーカーズ・コレクティブ　ミズ・キャロット(롯카
쿠바시 지점)

설립 연도: 1990년

사업 내용: 주문 도시락

사업 매출: 약 3,610만 엔(2012년도)

구성원 수: 7명

주소: 2-2-20, Rokukakubashi, Kanagawa-ku Yokohama-shi, Kanagawa,
　　　221-0802, Japan

TEL/FAX: 045-491-7061

http://www.yoishoku.net/shopguide/shop_detail.php?eid=00111

빵 만들기가 너무 좋다! 과묵한 30대 대표 이사

노가와 유미코(野川由美子)

빵 굽는 것은 밥 짓는 것과는 또 다른 즐거움이 있다. '기업조합 빵나무 아루레'에는 그런 빵을 좋아하는 구성원들이 첫차를 타고 모인다.

아루레의 사업 전개

카나가와 소테츠선 츠루가미네역에서 도보로 약 10분 정도 가면 생활클럽생협 아사히센터가 나오는데, 그 건물 1층에 아루레 매장이 있다. 매장 안에는 봄철을 맞아 새로운 메뉴가 준비되어 있었다. 흰곰, 아기돼지 삼형제, 병아리 빵 등 아이들이 외우기 쉬운 이름도 있었다. 인기 상품인 러스크슈거는 러스크 때문에 빵을 따로 구울 정도로 정성을 들이는 메뉴이다.

아루레는 안심하고 먹을 수 있는 맛있는 빵을 지역에 제공하자, 지역에 일자리를 만들자, 지역에 뿌리내리면서 보람을 느끼며 일할 수 있는 공간을 만들자는 목적에서 1989년 만들어졌다. 이후 기업조합 법인격을 취득한 후 판로를 확대하고 과자 만들기에도 도전하고 인터넷 판매 등을 시작하며 순조롭게 사업을 성장시켜 왔다. 2005년부터는 생활클럽생협에 매주 네 종류의 간식용 빵과 단과자빵, 쿠키를 납품하고 있다. 매출도 늘어나 2006년에는 9,394만 엔을 기록했다.

구성원은 15명이고 매일 9명이 2교대로 일한다. 공장 일은 돌아가면서 여러 작업을 모두 해낼 수 있게 함으로써 각자의 기술력 향상과 생각의 공유를 꾀하고 있다. 서로 대체할 수 있는 시스템을 만들기 위해서도 업무는 돌아가면서 하고 있다.

노동 시간은 1인 1일 7.5시간으로 정착되었고 1개월 근무 일수도 20일 전후로 안정되었다. 시급은 920~960엔이다. 연 1회 구성원들끼리 근무 연수, 숙련도 등을 평가한다. 6개월에 한 번 일하고 싶은 일수를 본인이 신청하는데 거의 본인의 신청 일수대로 일한다.

최근 식품을 둘러싼 사회 정세도 변했고 원재료 가격 상승, 방사능 문제 등 어려운 문제가 많다. 그러한 상황에서도 신제품 개발에 힘을 기울여 2012년에는 68품목을 개발했다. "재료는 어린이도 안심하고 먹을 수 있는 생활클럽생협의 재료를 가능한 한 사용하려 하고, 함께 시식한 뒤에 가격을 정해요. 안정되게 공급할 수 있도록 모두가 만드는 연습도 합니다."라고 대표 3년째를 맞은 노가와 유미코 씨(38세)는 말했다.

매일 빵과 함께하는 것만으로도 행복하다

노가와 씨는 어릴 적부터 먹는 것에 아주 관심이 많았다. 어머니는 먹거리에 관한 한 매우 엄격한 분이어서 시판되는 과자는 사 주지 않았고 먹고 싶은 것은 직접 만들어 주셨다. 어머니가 일을 하셔서 초등학생 때는 주말 저녁 준비를 본인이 담당했고, 중학생 때는 친구들이 싸 온 비엔나소시지나 냉동 크로켓이 부러워 도시락은 매일 직접 만들었다.

본격적으로 빵 만들기에 빠진 때는 10년 전이다. 집에서 직접 천연 효모 빵에 도전해 보았는데 잘 발효되어 부풀어 오르는 모습을 보는 것이 매우 즐거웠다. 당시 노가와 씨는 다양한 효모를 만들어 빵을 만들었다.

아루레 빵은 예전부터 먹고 있었는데 8년 전, 직원을 모집한다는 말을 듣고 자신이 가장 좋아하는 빵 만드는 일을 할 수 있겠다 싶어 지원했다. 집에서 빵을 만들 때와는 달라 힘들기도 하지만, 매일 빵과 함께하는 것만으로도 행복하다고 한다.

특히 개발 업무를 좋아해서 처음 일을 시작했을 때는 쉬는 날마다 여러 빵집을 돌아다니며 진열이나 상품 종류 등을 참고했다. 대표가 되어서도 새로운 빵집을 보면 반드시 들어가 본다. 개발이라는 일이 아이디어와 실제 작업이 일치하지 않아 생각대로 안 되어 힘들 때도 있지만, 성공했을 때의 성취감은 이루 말할 수 없다. 제품화되었을 때 많은 주문이 들어오면 정말 기분이 최고라고 한다.

2년 동안 평생 할 말을 다 한듯하다

아루레의 구성원은 20대부터 60대까지 다양하다. 자신이 중간 연령대라서 대표를 맡아야 할 순서가 되었을 뿐이라고 노가와 씨는 말했지만, 대표를 맡은 것은 그녀에게는 도전이었다.

"저는 어렸을 때부터 내성적이고 자기 생각을 말로 표현하는 성격이 아니어서 최근 2년 동안 평생 할 말을 다 한 것 같아요. 제가 특히 중요하게 생각하는 것이 두 가지예요. 첫째, 어려울 때 서로 도와준다는 생각은 워커즈콜렉티브의 장점이지만 실수나 잘못을 지적하지 않거나 문제나 과제를 진지하게 검토하지 않는 '관행'에 빠지기 쉬워요. 그래서 늘 사업이라는 것을 의식하면서 일을 해야 합니다. 둘째는 구성원 모두가 일하기 좋고 즐거운 직장이 되도록 노동 방식이나 노동 시간, 수당 등을 상황에 맞게 검토하고 개선할 수 있는 유연한 자세를 가지는 것이에요."

또한 "젊은 구성원이 많아서 공장에서 일하는 데는 문제가 없지만, 경영자로서의 의식이나 워커즈콜렉티브 이념에 대해서는 선배들에게 배우게 하고 있어요."

일에 대한 노가와 씨의 진지한 태도는 구성원의 신망을 확실하게 받고 있는 것 같다. 연장자들은 딸처럼, 어린 구성원들은 언니처럼 따르고 있다. 가족들도 좀처럼 해보기 힘든 경험이라며 응원해 주고 있다.

그녀는 마지막에 자신의 꿈을 이야기해 주었다. 좋아하는 가구와 소품, 그리고 맛있는 커피에 둘러싸여 자신이 좋아하는 빵을 굽는 그런 가게를 갖는 것이라고.

취재, 글 요시다 아츠코(吉田厚子)

기업조합 빵나무 아루레 パンの樹あるれ

설립 연도: 1989년

사업 내용: 빵 제조 · 판매 · 도매, 과자류 제조 · 판매 · 도매

사업 매출: 약 6,130만 엔(2012년도)

구성원 수: 15명

주소: 19-2, Shikimidai, Asahi-ku Yokohama-shi, Kanagawa, 241-0025, Japan

TEL/FAX: 045-362-2404/045-362-2542

http://www.alule.com/

40년 살면서 시야가 가장 많이 넓어졌다

난바 에리(難波絵里)

생활클럽생협사이타마 1층에서 주문 도시락집을 경영하는 '기업조합 워커즈콜렉티브 슌'은 설립한 지 20년 남짓 된다. 지금까지 순탄하게 세대교체를 하면서 사업을 지속하고 있다.

"비행기 바보입니다!"

슌에서 일을 시작한 지 만 4년 되는 젊은 구성원 중 한 사람이 난바 에리 씨(44세)이다. 식자재 매입을 담당하고 있는데 하루에 약 100인분의 재료를 선배 동료와 함께 매입하고 있다. 그런 난바 씨와의 대화는 뜻밖의 말로 시작되었다.

"난 비행기 바보입니다." 객실 승무원(이하 승무원)으로 일한 경험을 묻자 즉석에서 돌아온 말이다. 어릴 때부터 비행기를 좋아해 비행기를 타고 싶어서 승무원이 되었다고 한다.

그 후 직장에서 알게 된 남성과 결혼해 중학교 3학년과 초등학교 6학년 아들 둘을 두고 있다. 승무원 일은 비행기를 좋아하는 난바 씨에게는 더할 나위 없이 좋았으나, 결혼 5년 되던 해에 퇴직하고 이후로는 아들과 함께 남편의 전근지를 도는 생활이 시작되었다.

아이가 커서 시간이 나기 시작했을 때 아이 친구 엄마로부터 슌에서 일해 보지 않겠냐는 권유를 받았다. 친구 엄마는 이미 슌에서 일하고 있었다. 바로 반나절 체험을 해보기로 했다. 난바 씨는 요리에는 자신이 없었지만 슌의 일이 왠지 즐거워 보여 반나절 체험 후 다음에 또 오겠냐는 물음에 그러겠노라고 바로 대답했다.

수습 기간은 '3개월에 100시간 이상 근무'라는 규정이 슌에 있었다. 수습 기간이 끝나자 당시 이사장이 웃으면서 "계속하실 거죠?"라고 물어와 "잘 부탁드립니다!"라고 답했다.

그때까지 워커즈콜렉티브라는 노동 방식을 전혀 몰랐던 난바 씨는 "별로 깊이 생각하지 않고 과감히 뛰어들었다."고 당시를 회상하며 웃었다.

워커즈콜렉티브의 노동 방식

순의 하루는 쌀을 씻고 국물을 내는 일로 시작한다. 11시에는 주문한 곳에 도시락을 배달할 수 있도록 준비한다. 그 후 그날 반찬을 가지고 둘러앉아 다 함께 점심을 먹는다. 오후에는 설거지와 빈 도시락 회수, 다음 날 도시락 밑 준비, 부족한 재료 매입 등으로 정신없이 바쁘다.

"아직 아이들을 우선시하고 있어서 저는 편하게 일한다고 생각해요. 오전 8시 반부터 오후 3시까지 일주일에 4~5일 일합니다. 아이들이 다녀왔습니다! 하고 돌아오는 시간에는 집에 있고 싶어요. 기본은 5시까지 근무인데 다음 날 밑 준비에 따라 5시 넘어서까지 일하는 사람도 있어요. 그런 걸 생각하면 염치없죠. 월 80시간 정도 일하고 실 수령액은 6만 엔 정도 돼요. 아이들 학비로 다 나가 버리죠.

세대교체를 생각하면 언젠가는 저도 메인이 되어 일해야 한다는 긴장감이 있어요. 하지만 아이들과 남편과 집을 소중히 하면서 지금 이렇게 일할 수 있는 것은 워커즈콜렉티브이기 때문이라 생각해요."

자신의 근무 시간을 조금 미안해하면서 가능한 일은 있는 힘껏 하고 있다는 난바 씨. 새로 온 사람이 갈팡질팡할 때, 베테랑의 손이 부족할 때, 전체를 내다보면서 작업이 순조롭게 흘러갈 수 있도록 하는 역할을 하려고 한다. "팀워크는 중요하니까요."

많은 사람의 지원을 받으며

숲의 이사회는 매달 셋째 주 토요일에 열린다. 아이가 있는 구성원은 아이를 데리고 참가하기도 한다. 난바 씨도 그럴 때가 있다. 동료들은 이런 참가자들을 배려해 준다. 아이들은 엄마가 어떤 직장에서 어떤 사람과 일하는지 알 수 있고 이름도 알아 친근하게 느끼는 것 같다. 숲에서 만든 반찬을 식탁에 올리면서 "이건 OO 이모가 만든 거야."라고 말하기도 한다.

남편은 그런 난바 씨를 보며 "즐거워 보여!"라고 말한다. 숲에서 일하려면 출자금 10만 엔을 내야 한다는 것을 알고 불안해할 때 지지해 준 사람이 남편이다. 일을 할 수 있다는 것과 고용되는 노동 방식이 아니라며 응원해 주었고, 낮에 집에 있을 때는 청소와 집안 정리를 하며 난바 씨를 지지해 주고 있다.

여러 사람들과 관계를 맺으면서

숲에서 일하면서 가장 좋았던 것은 사람과의 만남이다. 동료들, 구매처, 식자재를 배달해 주는 사람, 배달처와의 교류가 더할 나위 없이 즐겁다.

어느 날 배달을 하러 갔다가 갑자기 허리를 다쳐 움직이지 못하게 되었다. 걱정이 되어 허리 복대를 빌려주겠다는 거래처의 말을 뒤로하고 간신히 회사로 돌아왔는데, 안심이 되자 갑자기 눈물이 나왔다고 한다. 그런 난바 씨를 동료들은 일하는 중간에 시간을 내어 집까지 데려다주었다. "다른 직장이라면 생각할 수 없는 일이죠. 정말 인복을 타고났어요."

승무원을 할 때는 직장에 비교적 무엇이든 능숙하게 잘 해내는 사람이나 남들과 잘 어울리는 사람이 많았다. 말하자면 자신과 같은 유형의 사람이 많았다. 하지만 슌에서는 특기나 개성, 나이가 다른 사람들이 섞여서 일하고 있다. 사고방식에 감탄하기도 하고 자신에게 없는 것을 배우기도 한다. 40년 살면서 처음 알게 된 것이 많아져 시야가 훨씬 넓어졌음을 느낀다.

난바 씨의 꿈은 요리를 좋아하고 메밀국수 면도 직접 만들 수 있는 남편과 가게를 여는 것이다. 요리 솜씨는 아직 조금 좋아진 정도라며 겸손하게 말하지만, 171센티미터의 키에 멀리까지 들리는 낭랑한 목소리를 살려 난바 씨는 오늘도 비좁은 주방을 열심히 뛰어다닌다.

취재, 글 야마노이 미요(山野井美代)

기업조합 워커즈콜렉티브 旬 ワーカーズ・コレクティブ 旬

설립 연도: 1991년

사업 내용: 주문 도시락

사업 매출: 약 3,600만 엔(2012년도)

구성원 수: 19명

주소: 5-1-11, Bessho, Minami-ku Saitama-shi, Saitama, 336-0021, Japan

TEL/FAX: 048-839-5331

http://bentou-syun.com/

요양보호 경험이 어머니 간병에 도움이 되었다

유자와 노부코(湯澤信子)

육아를 어느 정도 마치고 사회에서 다시 일을 시작하는 여성이 많다. 그러나 어느 날 갑자기 나이 든 부모님의 간병이 시작되기도 한다.

'다 함께!'에 공감하다

유자와 노부코 씨(56세)는 '특정비영리활동법인 서로돕기워커즈 초후하코베'에서 일하기 전에는 다른 단체에 소속되어 육아 지원 활동을 하고 있었다. "육아는 지역이 함께"라는 생각에는 공감했지만, 조직 운영 방식이 마음에 썩 들지는 않았다.

그러던 차에 하코베에서 활동하던 친구의 말에 관심이 갔다. 그 친구는

'모두가!'라는 말을 자주 썼다. '모두가 평등!', '모두가 함께하고 있다!', '필요한 것을 모두가 함께 만들고 있다!' 등등. 신선한 조직 방식에 흥미를 느낀 유자와 씨는 그 후 하코베에 참여하게 되었다. 2005년 당시 아이들은 고등학생과 대학생이었다.

12년 전으로 거슬러 올라가 1992년, 생활클럽생협토쿄는 다가올 초고령화 사회에 대비한 지역 복지 방식을 구상하며 시민들이 서로 돕는 시스템을 만들기 위해 어빌리티클럽타스케아이(ABILITY CLUB TASKEAI, 이하 ACT)를 설립했다. 그리고 주요 사업 중 하나인 'ACT 자립지원 서비스'를 맡아서 할 조직으로 각 지역에 뜻 있는 ACT 회원을 모아 서로돕기 워커즈콜렉티브를 만들었다. 하코베는 토쿄에서 15번째로 만들어진 워커즈콜렉티브이다. 생각이 같은 지역 의사와의 연계나 지자체와의 협력 방식 등을 모색하면서 40~70대 40여 명이 열심히 활동하고 있다.

사무국장도 지금이라면 할 수 있겠다, 해보자!

하코베에서 유자와 씨는 육아 지원 활동 외에 노인 돌봄 활동에도 조금씩 관여하게 되었고, 요양보호도 지역이 함께하는 것이 중요함을 실감하기 시작했다. 치매 환자를 처음 만난 것도 워커즈콜렉티브 활동을 통해서였다. 육아를 일단락했고 부모님도 아직 건강했다. 지금이야말로 인생을 살며 사회를 위해 무언가 할 수 있을 때라고 생각해 적극적으로 사업에 참여하게 되었다.

하코베에서 조직 운영을 담당하는 임원의 임기는 1기 1년으로 4기까지 할 수 있다. 서로 협력하는 것을 조건으로 모두가 돌아가면서 역할을 맡도록 방침을 정해 두고 있다.

이런 흐름 속에서 2009년에 유자와 씨는 사무국장을 맡게 되었다. 자신에게 맞는 역할이라고 생각하지 않았지만, 지금이라면 할 수 있겠다고 판단해 받아들였다. 세금이나 근로기준법 등 아는 것 같으면서도 모르는 것들이 계속 쏟아져 나왔다. 세무서나 근로 기준 감독 기관과의 관계, 현장 지도를 받은 후의 시정 보고 등 지금까지 몰랐던 세계에 도전했다.

유자와 씨에 대한 하코베 내의 평가는 의지가 되는 견실한 사람이다. 어려운 일이 생기면 "노부코 씨한테 물어봐!"가 일상어처럼 되었다.

갑자기 찾아온 어머니의 간병

그러던 중 그때까지 건강하던 89세의 친정어머니가 대퇴부 골절로 1개월 입원을 하게 되었다. 이를 계기로 치매 증상이 나타났다. 같이 살던 언니가 주로 간병을 해 주었는데 가족이 갑자기 해외로 나가게 되었다. 일하는 어린 조카에게 간병을 전적으로 맡길 수 없어 유자와 씨가 간병을 하게 되었다.

케어매니저*, 각종 요양보호사업소와 연계해 간병 체계를 꾸렸고, 주 2

회는 간병인이 오게 하고 주간보호도 이용하기 시작했다. 유자와 씨는 집중해서 일해야 하는 사무국장 직책을 3년 만에 내려놓고 간병에 전념하고 있다. 어머니의 기본적인 생활 방식을 정비한 후 정기적으로 방문하려 노력하고 있다.

간병인이나 주간보호 서비스를 이용하려면 자질구레하게 준비할 것이 많다. 때로는 "방충망이 닫히지 않아요!"라는 등의 긴급 호출이 오기도 한다. 하코베는 기본적으로 한 달 앞을 내다보고 일정을 짠다. 한 달 앞을 예측할 수 없는 유자와 씨는 현재 육아 지원이나 산후 돌봄, 교대 근무 등 의뢰가 있을 때 할 수 있는 일만 하고 있다.

하길 잘했다 워커즈 활동!

"다양한 삶의 방식이나 가치관이 있다는 것을 이용자에게 배웠어요. 그하나하나가 보물입니다. 갑자기 어머니 상태가 악화되어 가족들이 패닉 상태가 되었지만, 제가 하코베에서 배운 기본 지식과 실태를 경험한 것이 냉정하게 판단하고 대응할 수 있게 해 주었어요. 정말 다행이었죠. 또 가

* 케어매니저(요양보호지원전문원介護支援専門員)
요양보호 대상자가 적절한 재가 서비스 혹은 시설 서비스를 받을 수 있도록 케어 플랜을 만들고, 기초지자체, 재가 서비스 사업자, 요양복지 시설 등과 연계하여 조정하는 일이 주요 업무이다. 질적 향상을 위해 2006년부터는 자격증을 5년마다 갱신하는 제도로 변경되었다. 우리나라의 요양지도사에 해당한다. -옮긴이

족의 입장에서 많은 깨달음을 얻을 수 있었고 앞으로 워커즈콜렉티브 활동에 환원할 수 있을 거예요.

이용자와 가족은 다른 사람이 생각하는 이상으로 신경 쓰면서 서비스를 의뢰한다는 사실도 몸소 느꼈어요. 그리고 무엇보다 같은 보살핌이라도 일로 할 때와 부모님을 상대할 때는 그 느낌의 차이가 크다는 것을 실감했어요. 객관적으로 보고 냉정해지기 힘든 부모님에 대한 마음! 충격과 슬픔! 그것을 극복하게 해 준 큰 힘은 지금까지의 활동 경험이에요."

살면서 다양한 상황 변화가 일어나더라도 그때그때 할 수 있는 역할이 있다. 그 상황을 서로 이해해 주고 대신해서 해 줄 수 있는 조직이 바로 워커즈콜렉티브이다. 지금까지 유자와 씨의 상황은 많이 변해왔지만, "항상 워커즈콜렉티브에는 내가 있을 곳과 역할이 있어요. 물론 앞으로도 그럴 거예요!"라고 말하는 유자와 씨의 표정은 밝아 보였다.

취재, 글 이케구치 요코(池口葉子) · 야마노이 미요(山野井美代)

특정비영리활동법인 서로돕기워커즈 초후하코베 たすけあいワーカーズ 調布はこべ

설립 연도: 1994년

사업 내용: ACT 자립지원 서비스, 요양보험제도 사업(방문, 재가요양지원), 장애복지제
　　　　도 사업, 행정 위탁 사업

사업 매출: 약 3,800만 엔(2012년도)

구성원 수: 40명

주소: 2-4-15-202, Chofugaoka, Chofu-shi, Tokyo, 182-0021, Japan

TEL/FAX: 042-499-6788

http://hakobe.blogdekoken.jp/

자신 있는 운전 실력을 살려 퇴직 후에도 즐겁게 일한다

퇴직 후의 남성들

고령이나 장애로 혼자 이동하기 어려운 이들의 외출을 지원하는 사업을 하는 곳이 있다. 자기 차량으로 지원할 수 있어서 운전을 잘하는 퇴직한 남성들이 많다.

자차로 할 수 있는 이동 지원 서비스

'특정비영리활동법인 이동서비스 액세스'의 사업 수입 대부분은 이동에 제약이 있는 사람들의 차량 지원 서비스와 동행 서비스에서 나온다. 복지유상운송 사업자로 국토교통성 칸토운수국에 등록되어 있다. 직업상 사람을 태우려면 택시처럼 2종 면허와 전용 차량이 필요하지만, 복지

유상운송은 자차(승차 정원 11인 미만)를 사용하여 유상으로 이동 서비스 사업을 할 수 있다. 등록 요건은 특정비영리활동법인이나 사회복지법인과 같은 비영리법인이고, 대중교통으로 이동하는 데 제약이 있는 고령자나 장애인 등을 대상으로 해야 하며, 가격은 택시보다 저렴해야 한다. 2006년 도로운송법이 개정되면서 사업이 가능하게 되었고, 운전기사는 국토교통성의 인증 교육을 이수해야 한다.

그 밖에 액세스의 사업으로는 주간보호 시설의 송영, 요코하마시 장애인 안내 자원봉사 사업에 대한 사무, 그리고 회원 간 교류를 할 수 있는 버스 투어 기획 등이 있다.

액세스를 이용하는 회원은 56명(2013년 3월 말)이고, 8세부터 99세까지 연령대가 다양하다. 장기요양보험의 등급 인정을 받은 사람, 신체 장애나 지체 장애가 있는 사람, 정신 장애가 있는 사람도 있다. 나이가 어린 연령층은 통학에 이용하고, 중장년층은 병원 통원이나 돌봄 시설 이용 시, 또는 장을 보러 갈 때 이용한다.

이용자가 건네는 "고맙습니다"가 퇴직 후의 보람

운전을 지원하는 회원은 17명이고, 연령대는 45세~80세이다. 여성 8명, 남성 9명이며, 남성은 7명이 70세 이상으로 퇴직한 사람이 많이 활동하고 있다. 실명이나 사진을 싣지 않는 조건으로 남성분들의 이야기를 들어보았다.

"62세로 정년퇴직한 후 무슨 일을 할까 고민하던 중에 액세스가 설립을 위해 회원을 모집한다는 사실을 알고 즉시 응모했어요. 운전에는 자신이 있었거든요. 주 2회 정도 일해요. 농사 자원봉사도 하고 있고 손자도 가끔 돌봐 줘야 해서 딱 적당해요."(A씨, 74세)

"지금까지 직장인으로 살아왔기에 지역과의 교류가 없었어요. 정년 후에 지역과 관계를 맺고 싶어 67세 때 지인의 소개로 액세스에 가입하게 되었어요. 주 3~4회 1시간 정도 송영을 하는데 딱 좋아요. 세상에 장애인이 많다는 것을 액세스에 들어와서 실감했어요. 컴퓨터나 휴대전화로 메일도 보낼 수 있게 되었어요."(B씨, 80세)

"56세 때 명예퇴직을 한 후 액세스 구성원의 권유로 관계를 맺게 됐죠. 다른 회사에 재취업하여 토요일만 일하다가 58세에 그 일을 그만둔 후로는 매일 1~2시간 정도 송영을 담당하고 있어요. 장애가 있는 고등학생을 특수학교에 데려다주는 일도 하고 있습니다. 장애는 개인차가 있어서 개개인에 맞춰 대응하는 것이 어렵긴 하지만 보람이 있어요."(C씨, 62세)

"60세 때 정년퇴직한 후 뭘 할지 고민하던 차에 자동차로 송영하는 거라면 할 수 있겠다 싶어 실버인재센터가 주최하는 복지유상운송 강습을 받았어요. 수료할 때 받은 단체 리스트에 액세스가 있어서 면접을 보고 가입했죠. 구성원들과 대화를 나누는 것도 즐겁고 매월 열리는 정기 회의도 기다려집니다. 그리고 무엇보다 이용자 분이 건네는 "고맙습니다."라는 한마디가 큰 기쁨입니다."(D씨, 65세)

"퇴직 후 다른 단체에서 자원봉사자로 송영 일을 했어요. 기름 값은 받았는데 결국 해산하게 되어 액세스에 가입했습니다. 이쪽은 인건비가 나오지만 하루 1시간 정도의 일이고 이용자가 부담하는 비용을 가능한 한 적게 하자는 것이 액세스의 취지여서 금액은 적습니다. 하지만 연금이 있으니까요."(E씨, 73세)

모두 좋아하는 운전을 하면서 이용자들과 알게 되고 고맙다는 말이 주는 충실감으로 생기가 넘쳐 보였다. 어려움을 겪고 있는 사람에게 도움이 되는 일이면서 동시에 자기 자신을 위한 일이기도 하다는 것이 공통된 인식인 것 같다.

사람을 연결하는 코디네이터 역할이 중요

액세스의 이사면서 사무국을 맡고 있는 아즈마 토모코(東知子) 씨(57세)는 연중무휴로 24시간 이용자의 상담과 예약을 받고 있다. 단체 사무실은 없지만 아즈마 씨의 자택에 전화기를 두고 연락처로 사용하고 있다. 시설 송영이나 통학 등 정기적인 일은 담당자가 정해져 있지만, 비정기적인 의뢰도 많아서 매주 약 70건 정도의 시간표를 만들어 구성원들에게 돌리고 있다. 매일 구성원들의 출발과 귀가를 확인하고, 40명 정도 되는 자원봉사자들의 수배 업무도 하고 있다.

"이곳 요코하마시 아오바구의 남성 평균 수명은 81.7세로 장수 국가 일본에서도 가장 높습니다(2005년). 아직도 활약할 수 있는 분들이 많다는 거죠." 이렇게 말하는 아즈마 씨의 미소 역시 구성원들을 이곳으로 모여들게 하는 이유가 아닐까 생각했다.

취재, 글 후지키 치구사(藤木千草)

특정비영리활동법인 이동서비스 액세스 移動サービス アクセス

설립 연도: 2002년

사업 내용: 외출 지원 서비스, 요코하마시 장애인 안내 자원봉사, 안내 도우미 사업

사업 매출: 약 900만 엔(2012년도)

구성원 수: 17명

주소: 3-2-B101, Kurosuda, Aoba-ku Yokohama-shi, Kanagawa, 225-0022,
　　　Japan

TEL/FAX: 045-972-0747/045-972-0810

돈으로는 얻을 수 없는 마음의 풍요를 누리다

니시야마 치카코(西山千香子) · 마츠이 노리코(松井紀子)

여성은 집안 상황에 좌지우지되어 일을 그만두는 경우가 많다. 새롭게 일자리를 찾으려 하는 여성들에게 워커즈콜렉티브는 사회를 향한 새로운 문을 열어 준다.

"일을 할 수 있어서 너무 기뻐요"

서로돕기 모임을 설립한 직후 니시야마 치카코 씨(53세)가 당시 피곤한 기색도 없이 밝게 웃으며 한 말이다. 이야기를 들어보니 어르신 댁을 방문해 가사지원 서비스를 해 주던 때였다. 2003년 첫해의 사업 수입은 30만 엔이었다. 시급으로 환산하면 겨우 300엔 정도이다.

"이용자가 내가 오기를 기다려 주고 와 줘서 고맙다는 말을 해 주세요. 내 역할을 해냈다는 기쁨도 크죠. 어르신들은 그 연륜에 맞게 모두 인간으로서 배울 점이 많아요. 부모 자식 관계처럼 의존적이지 않고 적당한 배려를 할 수 있는 거리감도 좋아요"

그러나 아무리 즐겁다 해도 시급 300엔으로는 사업을 지속할 수 없었다.

2005년 '특정비영리활동법인 서로돕기워커즈콜렉티브 아이 · I'로 조직을 재편하고 장기요양보험제도의 일도 받기 시작해 2013년에는 사업 수입이 약 3,000만 엔으로 늘어났다. 방문요양, 요양보호 예방을 위한 방문요양, 재가요양 지원, 장애 복지 서비스 등이 주요 사업이며 구성원은 31명이다.

풍요란 돈이 전부가 아니다

니시야마 씨는 헬퍼_{돌봄이 필요한 사람의 집을 방문해 일상생활의 도움을 주는 사람. 양성 연수 제도가 있어 수료해야 한다. – 옮긴이} 2급에서 요양보호사 자격증을 땄다. 지금도 주로 헬퍼로 방문 돌봄 일을 하고 있는데, 수입은 월 20만 엔 정도이다. 이용자가 스스로 못하는 청소, 집안일, 목욕, 배변 등을 도와준다. 일주일 내내 하루도 쉬지 않고 일하는 것이 걱정되어 그녀에게 물어보았다.

"저는 의외로 괜찮아요. 아마 어릴 때 저희 집이 장사를 해서 가족 모두가 느긋하게 쉬는 습관이 없었던 탓일지도 몰라요. 시간이 생기면 뭐라도 하고 싶어져요."

어떻게 그렇게 헌신적으로 일할 수 있는지 신기해서 이에 대해 물었다.

"계속 드는 생각인데, 풍요라는 것은 돈이 전부가 아닌 것 같아요. 돈은 생활에 무리가 없을 정도만 있으면 돼요. 아침부터 밤까지 일해서 심신이 지쳐 있는 사람들이 많아요. 수입은 많을지 몰라도 쉴 새 없이 일해서 번 돈으로 스트레스를 해소하기 위해 여행을 가거나 쇼핑하는 데 다 써버린다는 생각이 들어요. 인건비에 대해서는 구성원들과 의논해서 적절한 금액으로 정할 수 있다는 게 이 일의 장점이죠. 사실 다시 책정할 때마다 조금씩 올라가고 있어요."

언제까지나 도움이 되고 싶다

"전업주부나 퇴직하신 분들께는 잠들어 있는 능력을 일을 통해 다시 되살려보라고 권하고 싶어요. (이용자) 가족들이 해 줄 수 없는 것을 대신 해 드린다는 생각으로 저는 어르신들을 돌봐요. 돌고 돌아 내 가족이 다른 사람에게 도움을 받을 수 있잖아요. 요양 지원 일을 통해 모두가 연결되어 있다는 느낌을 받고 있어요."

니시야마 씨의 꿈은 함께 일하는 동료들과 같이 지낼 수 있는 공간을 마련하는 것이다. "동료들과 같은 과제를 의논할 시간이나 장소가 별로 없어요. 우리는 물론 지역 주민들도 편하게 이용할 수 있는 공간을 만들고 싶어요. 나이가 들면 그곳에 가서 젊은 동료들의 아이들을 돌봐줄 수도 있잖아요." 언제까지나 무엇이든 도움이 되고 싶다고 니시야마 씨는 말한다.

감성에 딱 맞는 일

5년 전까지 아이치 지방에는 워커즈콜렉티브가 세 개밖에 없었다. 마츠이 노리코 씨(46세)는 그중 한 워커즈콜렉티브에서 일했다.

교사로 16년 정도 일했는데 남편의 전근과 가정 사정으로 어쩔 수 없이 일을 그만두었다. 우연히 어떤 책에서 워커즈콜렉티브에 대해 알게 되었는데 매우 신선했고, '일한다'라는 것에 대해 다시 생각해 보는 계기가 되었다. 그러다 집 근처에 '아이·I'가 있다는 것을 알게 되었고 마침 학부모 모임에서 친하게 지내던 분이 구성원이어서 같이 해보지 않겠냐는 권유를 받아 바로 결심했다고 한다.

"저는 일에 대한 의욕이 아주 커요. 제 경험을 사회에 환원하고 싶고 다양한 사람들과 교류하고 싶고, 여성이지만 경제적으로 독립하고 싶어요. 사람 일은 어떻게 될지 모르는데 경제적인 공백을 만들고 싶지 않았어요. 미래를 생각해서 헬퍼 2급 자격증을 땄을 무렵 '아이·I'를 알게 되었어요. 지금 월급은 8만 엔 정도예요. 아직은 육아에 많은 시간이 필요하지만, 앞으로는 더 많이 일하고 싶어요.

지금은 요양 계획에 기초한 방문 요양과 자립지원 서비스, 청소, 장보기, 빨래 등 여러 가지 일을 하고 있어요. 지금까지 해본 적 없는 직종이지만, 제가 할 수 있는 일이 늘었다는 생각이 들어요. 앞으로 평생 일하려고 해요. 작년에 요양보호사 자격증도 땄어요. 지금까지는 남편의 일에 맞춰 내 직장도 바꿨는데 요양보호 일은 그럴 필요가 없고, 하고 싶은 만큼 계속 일할 수 있을 것 같아요. 게다가 직장 분위기도 너무 좋고 동료들과의 관계도 좋아요. 모두 성숙한 여성분들만 모여 있어서 이분들과 일하는 것이 즐거워요."

워커즈콜렉티브는 마츠이 씨의 감성에 딱 맞았다.

'아이·I'의 일하는 방식은 이용자에게도 평이 좋아 워커즈콜렉티브라는 이름이 아이치에도 점점 스며들고 있다.

취재, 글 이와사키 세이코(岩﨑成子)

특정비영리활동법인 서로돕기워커즈콜렉티브 아이·I たすけあいワーカーズ・コレクティブ 愛·I

설립 연도: 2003년

사업 내용: 방문요양, 요양보호 예방을 위한 방문요양, 재가요양 지원, 장애복지 서비스

사업 매출: 약 2,960만 엔(2012년도)

회원 수: 31명

주소: 85 Bld.103, Ishigane-cho, Meito-ku Nagoya-shi, Aichi, 465-0023,
　　　Japan

TEL/FAX: 052-773-1455/052-773-1457

자연스럽게 복지의 세계로

무라오 에미코(村尾惠美子)

1995년에 일어난 한신 · 아와지 대지진을 계기로 생활협동조합 에스코프오사카(이하 에스코프)는 '복지 원년'을 방침으로 내세웠다. 조합원이 운영하는 서로돕기 서비스를 지역에서 만들어 가기 위해 이듬해부터 각 지역에서 복지 출장 학습회를 시작했다.

할 수 있는 일을 즐겁게 했을 뿐

당시 무라오 에미코 씨(58세)는 부친이 입원해 있기도 해서 배우고 싶은 마음에 학습회에 참가했다. 그 후 에스코프가 주최하는 제1회 홈헬퍼 양성 강좌를 수강하고 헬퍼 자격을 취득했다. 병원에서 간병인이 부친을 정성껏 돌봐 주는 모습을 지켜보면서 '나도 이런 일을 할 수 있다면'이라고 생각하게 되었다. "아버지의 마지막 시기에는 아버지를 어떻게 대하고 편하게 보내 드려야 하는지도 알려 주셨어요." 그리고 학습회에서 '복지'라는 단어를 만나게 된 것이 인생의 전환점이 되었다.

무라오 씨가 지금 살고 있는 곳으로 이사한 때는 30년 전이다. 이웃에서 에스코프 가입을 권유해 그 후 이끌리듯이 활동에 참가하게 되었다. 동네에서 주변 사람들을 모아 대형 반(班)^{생협에서 여러 명이 모여 물건을 주문하고 받는 단위 – 옮긴이}을 만들고 전임 당번이 되어 반원들을 연결하는 중심 역할을 해 온 것에 대해서도 "가능한 일을 즐겁게 해 왔을 뿐"이라며 무라오 씨는 웃으며 말했다.

배송 워커즈콜렉티브에도 참여했다. 같은 반 사람들과 당시 아직 어렸던 아이들은 서로 돌봐 주면서 활동을 시작했고, 구성원을 위한 탁아 시스템이 도입된 다음부터는 교대로 아이들을 돌보면서 10년 정도 참여했다. 무라오 씨의 아이들은 지역의 많은 사람들과 관계를 맺으며 성장했다.

인상에 남는 서비스

설립 구성원으로 참여해 '워커즈콜렉티브 핸드'를 설립한 때가 1997년이다. 방문 요양이나 생활 지원 외에도 주택을 빌려 '요리아이 콘고'라는 독자적인 미니 주간보호 서비스도 시작했다. 2000년에 장기요양보험제도가 시작되면서 에스코프는 요양보험 사업에 참여했다. 핸드의 미니 주간보호 서비스는 2001년부터 에스코프의 요양보험 사업인 'SOS 콘고'의 장기요양보험 대응형 주간돌봄 서비스 시설로 발전했다.

무라오 씨는 배송 워커즈콜렉티브를 그만두고 헬퍼 일에만 집중했다. 에스코프의 요양보험 사업 SOS의 헬퍼가 되어 요양보험으로 대응할 수 있는 서비스는 'SOS'의 서비스로, 대응하지 못하는 서비스는 '핸드'의 서비스를 조합해 이용자 한 사람 한 사람을 돌보고 있다.

그런 무라오 씨에게 인상에 남았던 서비스에 관해 물었다.

체격이 좋은 전 경찰관 남성을 방문해서 돌볼 때의 일이라고 한다. 그는 치매를 앓고 있었다. 핸드의 구성원들이 교대로 돌봐 드리고 있었는데, 기분이 극도로 안 좋은 날도 있어 담당자들끼리 정보 교환은 필수였다. 범인으로 착각해서 화를 내거나 고학생으로 착각할 때도 있어 담당자들이 그 역할을 연기하면서 돌봐 드리기도 했다. 어느 날은 "안녕하세요?"라고 인사하며 문을 열자마자 갑자기 밖으로 뛰쳐나가 필사적으로 뒤쫓아 간 적도 있다.

또 지금도 육아와 가사 지원을 계속하고 있는 의대 인턴(현재는 의사)의 사례도 인상에 남아 있다. 큰아이를 돌봐 주는 것으로 시작해 집안일은 물론 지금은 작은아이까지 돌봐 주고 있다. 이렇게 서비스가 이어진다는 것은 이용자와 핸드 사이에 신뢰 관계가 탄탄하게 구축되었음을 의미한다. 이는 바로 자신감으로 이어지고 있다.

"이용자뿐만 아니라 가족이나 주변 분들까지 살피면서 이용자의 모든 부분을 지원할 수 있도록 하고 있어요. 내가 돌봐 준 아이의 성장을 보는 것도 기쁘고, 우리의 서비스를 통해 이용자나 그 가족의 생활 상황이 나아지는 것을 보는 게 최고의 기쁨이죠."라고 무라오 씨는 말했다.

핸드의 성실한 대응과 홈페이지를 통한 지속적인 정보 제공으로 사업은 조금씩 확실하게 성장하고 있다.

처음으로 이끌어 가는 처지가 되어

변화의 전기는 2010년의 핸드 총회 15분 전에 찾아왔다. 몸 상태가 좋지 않았던 당시 대표를 대신해 무라오 씨가 임시 이사회에서 대표로 추천되었다. '흐르는 대로 흘러가는 것이다. 가다 보면 어떻게든 될 것이다.'라는 생각으로 대표직을 받아들였다. 처음으로 조직을 이끌어 가는 처지가 되었다.

2012년에는 대표로는 처음으로 워커즈콜렉티브 전국 회의에 참가했다. 무라오 씨는 뜻을 함께하는 동료가 전국에 이렇게 많다는 것과 설명하지 않아도 서로 이해하고 있다는 데 놀랐다. 핸드에서는 정례 회의의 출석률이 낮은 것이 문제였는데 결국 계속 이야기하는 수밖에 없다는 것을 깨달았다. 에너지와 시간이 필요하겠지만.

2013년 봄, 핸드는 특정비영리활동법인으로서 새 출발을 했다. "늙어도 병들어도 장애가 있어도 가정 환경에 변화가 생겨도 오랫동안 살아온 동네에서 계속 살아가기를 바란다."라는 초심에는 흔들림이 없었다. 법인격 취득으로 나이 든 사람이나 젊은 사람 모두가 각자 나답게 일할 수 있는 핸드로 계속 존재해 나가기 위한 새 출발을 할 수 있게 되었다.

앞으로도 갈림길에 서는 일이 많겠지만, 그때마다 앞을 보면서 새로운 선택을 해 나가겠다고 무라오 씨는 웃으며 말했다. 지금부터는 이끌어 가는 입장에서 앞을 향해 걸어갈 것이다.

취재, 글 니시무라 카즈미(西村一美)

특정비영리활동법인 워커즈콜렉티브 핸드 ワーカーズ・コレクティブ はんど

설립 연도: 1997년

사업 내용: 가사와 육아 지원, 통원 지원, 개 산책, 정원 가꾸기 등 요양보험 사업 외의 서
비스

사업 매출: 약 890만 엔(2012년)

구성원 수: 29명

주소: 1-24-2, Kunokidai, Tondabayashi-shi, Osaka, 584-0074, Japan

TEL/FAX: 0721-29-8333

http://hand.daynight.jp/

퇴직 후에 발견한 나답게 일하는 방식

후루세 케이이치(古瀬経一)

정년은 많은 사람에게 생활의 변화를 가져온다. 퇴직 후, '하루하루가 일요일'인 연금 생활을 할지, 재고용의 길을 선택할지, 새로운 직장을 구할지는 사람마다 다르다.

아내의 권유로

후루세 케이이치 씨(63세)는 이런 상황에서 워커즈콜렉티브를 알게 되었다. 생활클럽생협 조합원이던 아내가 '기업조합 워커즈 유이'의 구성원 모집 안내지를 보여 주면서 해보라고 권유를 한 것이다.

'워커즈콜렉티브가 뭐지?' 관심이 생겼다. 설립된 지 1년 되었다는데 여성들이 모여 어떻게 경영을 할까? 여러 문제들은 어떻게 해결할까? 재미있을 것 같아서 해보고 싶었다.

"처음에는 단순히 배달하는 일이라고 생각했어요. 실제로 구성원이 되어 보니 아주 깊이가 있었어요. 어떤 일을 결정할 때는 모두 함께 의논합니다. 수직 관계가 아니라 민주적이에요. 분명 지금까지 경험했던 회사 고용 관계와는 뭔가 다르다는 것을 실감했어요."

'유이'의 새로운 노동 방식

지금까지는 정보 처리 관련 대기업에서 일했다. 야근으로 밤 11시, 12시 귀가는 흔한 일이었다. 기계가 고장 나면 며칠씩 집에 못 들어갔다. 재고용의 길도 있었지만, 현역 시절보다 3분의 1 정도로 월급이 줄어 시급으로 환산하면 유이와 별반 다르지 않았다. 유이는 일터까지 차로 10분이면 갈 수 있어 출퇴근 시간이 짧은 것도 매력적이었다.

유이는 2010년에 설립되었고 화물경차운송업 허가를 받았다. 치바현 내에 치바, 베이, 사쿠라, 이치하라 4개 지점이 있다. 구성원은 22~70세까지 68명이고 미혼, 육아 중인 여성, 정년 후의 남성 등 다양했다.

후루세 씨가 소속되어 있는 치바 지점은 직원이 15명이고 그중에 6명이 남성이다. 주 3일 근무가 기본이고 긴급 교대 근무가 가끔 들어와서 월 85시간 정도 일한다. 출근 후 10분은 회의, 그 후 짐 싣기 준비, 배송, 정리로 하루가 끝난다.

신선한 만남과 즐거움

"일하는 시간을 내가 정할 수 있어서 자유 시간도 확보할 수 있어요. 그날 일은 그날 완전히 마무리할 수 있어서 회사와는 다른 성취감이 있습니다. 무엇보다 사람과의 대화가 늘었어요. 다양한 세대에게 고맙다는 말을 듣습니다. 배달하다 보면 기다리는 사람의 얼굴과 살아가는 모습을 볼 수 있어요. 생활클럽생협 조합원들에게 상품을 공급해 주는 이 일이 '생명의 근원', '행복'을 배달해 주는 일이라고 생각하게 되었죠."라고 후루세 씨는 말한다.

일을 마치면 스포츠 클럽으로 직행해 헬스나 수영으로 땀을 흘린다. 귀가 후 집에서 마시는 맥주는 최고라고 한다. 휴일에는 스포츠 클럽에 가거나 취미인 바둑을 즐기다 보면 일주일이 순식간에 지나간다.

서로 의견을 제시하며 과제를 해결

그런 매력이 있지만 반면 과제도 많다. 육아 중인 구성원이 갑자기 사정이 생겨 교대를 요청해 왔을 때, 그에 즉시 대응할 수 있는 체제나 시스템이 없었다. 결국 그 사람은 반년 후에 그만두었다.

'무엇을 위해 일하는 걸까. 가족을 희생해도 되는 걸까. 서로의 사정을 이해하고 의지하며 일할 수 있는 곳이 워커즈콜렉티브 아닌가.' 후회가 남았다. 육아가 끝난 자신들 세대는 좀 더 기여할 여지가 있다고 후루세 씨는 생각했다.

분배금(인건비)과 관련해서는 언제나 의견이 많다. 배달 코스에 따라 공급 부하가 다르기 때문이다. "계단이 많다거나, 집들이 떨어져 있는 지역과 단지는 공급 효율이 완전히 달라요. 급여는 기본적으로 평등하지만 한 코스 당 일률 지급은 문제가 있다는 의견이 있어 현재는 변동 제도를 시행 중입니다. 이런 의견을 자유롭게 서로 제시할 수 있는 것도 워커즈콜렉티브이기에 가능하다고 생각해요."

소통이 존속의 열쇠

그러나 결론은 서두르지 않는다. 노동에 대한 평가는 '누가, 어떤 근거로'라는 객관적이고 정당한 척도가 없는 한 위험하며, 어떠한 결정에도 일장일단이 있다. 철저하게 토론하는 방법밖에 없다. 합의에 시간이 걸려도 결과적으로 그것이 팀 존속의 열쇠가 된다. 모두가 기분 좋게 서로 의지할 수 있는 직장이 된다면, 구성원의 정착율도 높아지고 작업의 질도 틀림없이 좋아질 것이다. 최대 공약수를 찾는 방법은 소통밖에 없다고 후루세 씨는 생각한다.

대표 이사인 카자마 유카(風間由加) 씨(53세)는 이렇게 말했다. "후루세 씨는 문제라고 생각되는 것에 대해 항상 원인을 규명하고 대책을 찾으려 해요. '사회에선 이런데 우리는 이러하다'고 비교해서 제시해 주고 감사로서도 지적할 점은 철저하게 합니다. 구성원들에게는 문제의식을 느끼도록 가르침을 주는 사회의 선배죠."

요즘 젊은 여성들의 향상심이 직장을 밝고 즐겁게 만든다고 후루세 씨는 느낀다. 취재 마지막에는 자신을 되돌아보며 다음과 같은 말을 들려주었다. "워커즈콜렉티브를 만나서 나답게 일하는 방식을 찾았어요. 다음 동창회 때는 분명히 나는 이런 일을 하고 있고 이런 방식으로 일하고 있다고 자랑스럽게 공언할 수 있을 거예요."

취재, 글 이노마타 에츠코(猪俣悦子)

기업조합 워커즈 유이 ワーカーズ・結(치바 지점)

설립 연도: 2010년

사업 내용: 생활클럽생협의 상품 배송

사업 매출: 약 8,200만 엔(2012년도)

구성원 수: 15명

주소: 5-21-12 Seikatsu Club Nizinomachi, Masago, Mihama-ku Chiba-shi,
    Chiba, 261-0011, Japan

TEL/FAX: 043-279-0013

워커즈콜렉티브 린

나만의 스타일로 지역을 활기차게!

이데 세이이치(井手誠一)

아버지가 어떤 일을 하는지 모르는 아이들이 많아진 것은 언제부터일까? 아이에게 일하는 모습을 보여 주면서 동네를 활기차게 만들고 싶어 하는 남성이 있다.

슈퍼마켓 같지만 조금 다르다

토쿄 외곽, 세이부신주쿠선 히가시무라야마역 동쪽 출구에서 쭉 뻗어 있는 벚나무 길을 따라 10분 정도 걸으면 약간 세련된 느낌의 매장인 데포* 히가시무라야마가 나온다.

밝은 분위기의 매장 안에는 이 지역에서 기른 신선한 채소가 진열되어 있고 조미료와 식재료 코너, 정육, 우유, 생선 코너가 차례로 이어져 있다.

생활클럽생협의 위탁을 받아 매장을 운영하는 것은 워커즈콜렉티브이다. 데포는 생활클럽생협의 안전한 먹거리를 살 수 있는 매장을 말하는데, 지역 주민들이 모이는 공간이기도 하다.

이데 세이이치 씨(42세)는 이런 데포에 매료되어 2년 전에 린의 구성원이 되었다.

일은 삶 그 자체이기 때문에

과거에 이데 씨는 인쇄 공장 식당에서 조리사로 일했다. 일하는 10년 동안 직장 환경은 많이 바뀌었다. 우선 주방장과 영양사의 외부 위탁이 진행되었고, 그 지역 소매점에서 구입하던 식재료는 수입 냉동식품 중심이 되었다.

그사이 중국 만두 사건이나 조류 인플루엔자 등 식품 관련 사고가 계속 발생했다. 이데 씨는 이전부터 첨가물이나 농약, 수입 농산물에 대한 불안감을 갖고 있었다. 생산지가 어디인지도 모르는 음식을 조리해서 제공하는 일에 스트레스를 받았고 직장에도 불만이 있었다. 그때 동일본대지

* 데포
생활클럽생협의 식품 및 생활용품 등을 슈퍼마켓과 유사한 방법으로 살 수 있는 매장. 운영은 워커즈콜렉티브가 생협에서 위탁 받아 하는데 토쿄에 8개, 카나가와에 14개, 치바에 2개가 있다.

진과 뒤이어 후쿠시마 원전 사고가 터졌고, 이를 계기로 삶을 되돌아보면
서 재출발을 위해 회사를 그만두었다.

지금까지의 경력을 살려 먹거리 관련 일을 하면 좋겠다고 생각했을 때
린을 알게 되었다. 첨가물, 농약, 수입 식품 문제 등에 엄격한 기준으로 대
응하는 생활클럽생협 정책에 공감했다. 이데 씨의 말을 빌리면, "모든 것
에 반했다."고 한다.

한 가지 더, 일하는 장소가 지역과 연결되어 있다는 점도 중요했다. 아
이를 데리고 장을 보러 갔을 때 인사를 주고받을 수 있는 일터, 내가 일하
는 모습을 아이가 볼 수 있는 직장이라는 점이 좋았다. 두 자녀를 둔 이데
씨는 아는 사람이 많은 환경에서 자라는 것이 아이들 정서에도 편안함을
준다고 생각했다.

대화를 즐기면서 일한다

데포의 수산 코너는 이데 씨를 중심으로 네 사람이 한 팀이고 교대로
근무한다. 이데 씨는 아침 전체 회의가 끝나면 시장에서 도착한 생선을
매장에 진열하고 익숙한 솜씨로 생선을 하나하나 칼로 다듬는다. 잘 팔리
도록 생선을 들이는 능력도 탁월하고 손님들이 쉽게 집을 수 있도록 진열
하는 데도 능하다. 그야말로 생선 가게 아저씨이다.

특히 생선은 대면 판매가 중요해서 손님에게 어떻게 말을 거는지가 매

출을 좌우한다. 진열장 너머에서 생선을 다듬고 있다가 뭘 고를지 망설이는 손님을 보면 슬쩍 "구이는 오늘 ○○가 좋아요."라고 말을 건넨다. 손님한테서는 "지금은 ○○가 제일 맛있을 때예요."라는 제철 생선 정보 등을 얻어서 다음 발주 때 참고하기도 한다. 베테랑 주부에게는 생선 조리법을 전수 받아 일에 적용하기도 한다.

모든 것은 대화로 해결한다는 방침

린의 현재 구성원 20명 가운데 남성은 이데 씨뿐이다. 연령은 40~50대가 중심이다. 이곳은 이데 씨에게 일하기 편한 직장일까?

"이데 씨는 아직 아줌마 구성원들에게 조심스러운 태도를 취하고 있지만 대화로 모든 것을 해결한다는 이데 씨만의 원칙이 있는 것 같아요. 리더십과 강권의 차이는 워커즈 구성원들의 공통 과제이기도 하죠. 이데 씨의 더 큰 성장을 기대하고 있어요."라고 린의 대표 코야나기 토모에(小柳智惠) 씨(60세)가 말했다. 의견 대립으로 부딪힐 때도 있지만 대화로 해결한다는 방침을 이데 씨는 관철하고 있다.

경영 면에서 좀처럼 이익을 내지 못하는 워커즈콜렉티브에 대해서는 "일단 시작하고 나서 고민하자고 생각했어요. 어떻게든 해 나가고 있지만요."라며 쓸쓸한 미소를 짓는다. 급여뿐 아니라 사회보장 등 일하는 환경을 정비하는 것도 큰 과제임에 틀림없다.

지역이 활성화되어 '린'도 활성화되길

이데 씨는 처음에 '데포가 뭐지?'라고 생각했다. 독특한 이름에 조금 세련된 분위기의 매장이겠지 생각했다. 그런데 일하면서 데포는 물건을 사고파는 '공간'이면서 지역 사람들이 모여 다양한 가능성을 펼치는 장소라고 생각하게 되었다. 그 공간을 받쳐 주고 있는 것이 워커즈콜렉티브의 구성원들이다. 지역이 활성화되면 데포도 활성화되고 린 역시 활성화된다는 것을 실감했다.

데포의 매출을 올리기 위해 고객들이 선호하는 생선으로 '기대되는 해물덮밥' 이벤트를 연다거나, 매장 앞에서 생선을 구워 시식회를 하는 등 생선을 더 많이 팔기 위한 다양한 이벤트에 도전하고 싶다고 한다. 취재 중에 단골이 게를 사면서 "좀 비싸지만, 저번에 샀을 때도 맛있었거든요." 라고 말을 걸어왔다. 가격표를 붙이고 싶어 하는 남자아이를 보고 "한번 해볼래?" 하며 도와주는 모습이 한 아이의 아버지다. 이데 씨의 스타일을 엿볼 수 있는 모습이었다.

취재, 글 나카노 스즈코(中野寿ず子)

워커즈콜렉티브 린 ワーカーズ・コレクティブ 懍

설립 연도: 2006년

사업 내용: 생협 매장 운영 위탁 및 판매

사업 매출: 약 2,530만 엔(2012년도)

구성원 수: 20명

주소: 3-32-44, Kumegawa-cho, Higashimurayama-shi, Tokyo, 189-0003,
   Japan

TEL/FAX: 042-399-7151/042-399-7156

4장
실천! 우리 동네에 필요한 일을 창업하자

워커즈콜렉티브 설립과 운영

'워커즈콜렉티브, 좀 괜찮은 것 같은데!'
라고 느꼈다면, 내가 원하는 서비스나 평
소 궁금했던 점을 찾아 보자. 워커즈콜렉
티브는 바로 거기서 시작된다.

자신의 동네에 커뮤니티 식당을 낸 와카코 씨의 사례

'워커즈콜렉티브 민나노소라^{모두의 하늘이라는 의미 - 옮긴이}'는 누구나 편하게 쉴 수 있는 커뮤니티 식당을 운영하는 와카코 씨와 그녀의 동료들이 만든 일터이다. 와카코 씨의 창업 이야기를 통해 워커즈콜렉티브 창업 방식을 살펴보자.

시작은 궁금증에서

화창한 가을 어느 날, '커뮤니티 식당 민나노소라'는 오픈 이벤트를 열었다. 대표를 맡고 있는 와카코 씨(43세)를 비롯해 10명의 동료들이 한 줄로 서서 웃으며 인사하고 있다.

그녀는 오늘에 이르기까지의 긴 여정을 떠올려 보았다.

와카코 씨가 사는 토쿄 근교의 M시는 인구가 13만 명 정도 되는 베드타운이다. 급속한 고령화와 대규모 개발로 고립된 고령자와 장애인들이 어느 사이엔가 늘어나 있었다. 그녀는 그런 M시의 한 장애인 시설에서 파트 직원으로 사무 일을 하고 있었다.

어느 날 "우리 시설에 패밀리 레스토랑에서 식사하고 싶어 하는 여성이 있어요. 그 소원을 들어드리고 싶은데 옆에서 도와주지 않을래요?"라는 부탁을 받았다. 와카코 씨가 할 일은 장애가 있는 여성 옆에 앉아 그녀가 조금이라도 기묘한 행동을 하면 그것을 말리는 것이었다. '보통'이기를 강요하는 사회는 건강한 보통 사람에게도 숨 막히는 사회가 아닐까? 와카코 씨는 이런 의문을 항상 품고 있었다.

시작하는 이유는 가지각색

평소 느꼈던 의문이나 생각, 꿈이나 동경을 적어 보자.

기회를 살려서

그러던 어느 날, 와카코 씨가 일하던 장애인 시설로 레스토랑 물건에 대한 정보가 들어 왔다. 이용자의 부모가 경영하던 레스토랑이 폐업을 하게 되어 장애인에게 도움이 되는 시설이라면 싸게 빌려줄 수 있다는 이야기였다. 역에서 멀기는 하지만 대규모 단지 안쪽에 자리 잡고 있는 통나무집이었다. 주차도 3대 정도는 할 수 있는 공간이 있었다. 그러나 시설에서는 그것을 운영할 여유가 없다고 판단했다. 와카코 씨는 사업 이미지가 마구 떠올랐다.

와카코 씨는 지인들에게 제안을 했다. 도타로 씨(67세)는 딸이 와카코 씨가 일하는 시설에 다닌다. 식품 회사에서 영업을 담당하다 정년퇴직 후에는 지역에서 시민 활동을 하는 활동성 좋은 아저씨이다. 아이 씨(29세)는 친구의 딸로 영양사 자격증을 가지고 있다. 한번 취직을 했는데 일이 힘들어 건강이 나빠져서 그만두었다. 인간관계로 힘들었던 것도 있어 아르바이트를 하면서 장래에 대해 고민하고 있었다.

도타로 씨와 아이 씨는 와카코 씨의 제안을 받고 같이 레스토랑에 가 보면서 각자 나름의 이미지를 구체화해 갔다.

찬스도 여러 가지

찬스를 잡으려면 먼저 찬스를 찾아 다녀야 해.

꿈을 5W2H로 표현하자

좋은 일은 서두르라고 했던가. 건물주에게 빌리겠다는 의사 표시를 하고 세 사람은 서로의 생각을 모았다.

"장애가 있는 사람들이 편안하게 들러 쉴 수 있는 장소가 너무 없다, 국내산 식자재나 지역 유기농 채소를 사용해서 몸에 좋은 요리를 만들고 싶다." 세 명은 논의 끝에 질 좋은 식자재를 사용해 안심할 수 있는 음식을 제공하는 커뮤니티 식당을 열기로 했다.

그리고 한편으로, "모두가 주체적으로 일하고 평등하게 의견을 나눌 수 있는 일터가 좋겠다, 효율 우선이 아니라 서로의 장점과 약점을 인정하는 것이 전제되어야 한다, 워커즈콜렉티브는 인간적인 일터인 것 같다."라며 생협에서 배운 워커즈콜렉티브 방식으로 운영하고 싶다는 뜻을 확인했다. 또 '왜 하고 싶은지', '무엇을 할지', '어디서 할 것인지', '누구에게 서비스를 제공할 것인지', '언제 할 것인지', '어떻게 할 것인지'에 대해 분명하게 이야기 나누고 가족에게도 창업 사실을 알렸다.

꿈을 5W2H로 표현해 보자

꿈이 구체화 된다.

Why?
동기
효율을 먼저 생각하는
사회이지만, 약자도
평범한 사람도
서로서로 인정하는
일터를 만들고 싶다!

What?
하고 싶은 것
안전한 식자재를 사용한
요리를 제공하고 싶다.
지역의 친환경 농가를
응원하고 싶다.
손님들의 식이요법에
대응하고 싶다.

노동 방식은?
민주적이고 평등한 노동 방식,
워커즈콜렉티브로!

Where? Who? When? How? How Much?
어디서   호의적인 주인의 레스토랑에서
누구에게 인근의 개인, 단체, 회사 직원에게
언제   점심시간에
어떻게   홀에 담당 직원을 배치해
얼마에   1일 50명이 한 사람씩 평균 1,000엔
         정도를 주문해서 50,000엔 정도로

사업을 시작하는 데는 책임이 따르며 쉽게 그만둘 수 없다. 동료들과 무엇을 하고 싶은지를 5W2H로 정리하여 애매한 부분이 없도록 문장으로 정리한다. 자신이 하고 싶은 것과 동료들이 하고 싶은 것을 잘 정리해 실현 가능성을 검토하는 것은 발기인 모임(또는 제안자 모임)이 맨 처음 해야 할 일이다.

함께할 동료를 모집하다

"모집 전단을 만들자. 생협 조합원에게 배포를 부탁하거나 자치회 회람을 통해 돌려 달라고 할 수 없을까? 지역에 포스팅해 달라고 해보자!"

무엇을 하려 하고, 어떤 생각으로 식당을 열고자 하는지를 적은 전단을 만들어 조합원들에게 배포해 달라고 생협 공급자에게 부탁했다. 그리고 직접 지역에 포스터를 붙이러 다니거나 전단을 들고 다니며 관심을 보이는 지인들에게 권유했다.

동시에 지역의 유기 농가를 방문해 자신들의 구상을 설명하고 이해를 끌어냈다. 또 상공회의소, 상점가, 장애인 단체나 시설, 지자체에도 인사를 다녔다. 지역에 네트워크를 만드는 것도 중요하다.

전단에 관심을 보이는 사람들을 대상으로 여러 차례 설명회를 열면서 조금씩 동료들을 늘려갔다.

함께하실 분 모집합니다

얼마나 많은 사람의 공감을 얻을 수 있을까?

전단지에는 목표가 무엇인지
어떤 생각을 가지고
있는지를 알기 쉽게 적는다.
어떤 사람을 구하는지를
적는 것도 중요하다.

> 우리 마을에
> 커뮤니티 식당을
> 만들어 보지 않을래요?
>
> 설명회
> ----------
> 12월 20일(토)
> 오후 2시~4시
> ×× 공민관
> 문의 ○○○
> 010-1234-5678

지역 사람들을 동료로 끌어들이고자 할 때는
지역에 안내지를 붙이는 것이 효과적이다.
지역을 한정하지 않는 사업의 경우에는
인터넷을 통한 정보 발신이 효과적이다.

워커즈콜렉티브는요…

커뮤니티 식당의
구체적인 내용은…
사업으로 되려면…

부모님이
권해서

커뮤니티 활동에
흥미가 있어서

설명회에 온 사람들에게는
설문을 받고,
나중에 연락하는 것도 잊지 않도록.

준비 모임을 만들다

세 사람은 새로운 구성원들과 준비 모임을 만들었다. 준비 모임은 오픈까지 해야 할 일들을 꼼꼼하게 체크하는 조직이다. 와카코 씨를 포함해 10명이 준비 위원이 되었다.

먼저 서로의 마음을 확인하고 왜, 어떤 사업을, 어떤 노동 방식으로 할 것인지를 문장(설립 취지서 초안)으로 정리했다. 와카코 씨와 도타로 씨는 장애가 있는 사람들을 차별 없이 대하는 사회를 만들려는 구상을 갖고 있었다. 함께 이야기를 나누는 가운데 다른 구성원들도 이 일을 자기 일로 받아들이고 있음을 알게 되었다. 장애 유무를 떠나 서로 부족한 부분은 채워 주면서 잘하는 분야는 기여하고 떠받쳐 주는 사업체를 만들자는 내용을 문장으로 정리했다.

대표는 와카코 씨, 회계는 도타로 씨가 맡기로 하고 책임자는 준비해 나가면서 정하기로 했다.

출자금은 매장 인테리어 비용과 개업 후 운영 비용으로 수백만 엔이 필요하다는 견적이 나왔다. 먼저 한 사람당 1만 엔을 내고, 최종적인 출자금은 자금 계획을 세운 후 정하기로 했다.

오픈까지 대략적인 스케줄을 확인한 뒤 오픈 예정일(설립 총회 예정일)을 12개월 후인 4월 1일로 정했다.

민나노소라 오픈 스케줄								
	3월	준비 모임 결성 (설립 취지서 초안 작성)						
2 0 0 W 년	4월	① 시장 조사	⑤ 워커즈 콜렉티브 명칭 검토	⑥ 매장 설비 확인				
	5월							
	6월	② 사업 계획 작성		⑦ 매장 설계와 공사			⑧ 기술 연수	
	7월							
	8월	③ 자금 계획 작성 (차입 검토)						
	9월							
	10월	④ 구성원 의사 확인						
	11월	⑨ 정관 작성						
	12월							
2 0 0 X 년	1월	⑩ 규약·규정 운영 규칙 작성	⑪ 설립 총회 준비	⑫ 설립 취지서 작성	⑬ 영업 허가 신청 (보건소)	⑭ 개업 시뮬 레이션	⑮ 세무 회계 처리 준비	⑯ 영업 홍보
	2월							
	3월							
	4월	⑰ 설립 총회 개최·오픈						⑱ 개업 관련 각종 신고

※와카코 씨의 경우 물건 정보가 먼저 들어왔기 때문에 개업까지의 기간이 짧았다.

이제부터는 사업 계획 작성

창업까지의 과정을 앞쪽 표 안의 번호에 맞춰 설명해 보겠다.

① 시장 조사

주요 구성원 중에는 주부가 많고 시간 여유가 있는 아이 씨는 아직 체력에 자신이 없어, 당분간은 점심부터 저녁까지만 영업하기로 하고 점심 시간대의 재택율을 조사했다. 매장 주변을 걸어 다니며 관찰하고 상점 등에 묻기도 하면서 주민의 생활 동향을 조사했다. 구청에 가서 우리 사업에 대해 설명하고 필요한 정보를 얻었다. 반경 3킬로미터 이내의 가구 수, 나이 동향, 고령화율, 아이 수, 음식점 유무, 회사 유무 등의 정보를 수집했다. 주위 마트의 판매 가격대에 어떤 특징이 있는지도 조사했다.

경쟁 식당은 주변에 없었다. 마트에서 많이 팔리는 상품 중에는 저가의 상품도 많았지만 무농약 채소 등의 수요도 있었다.

지역 커뮤니티의 중심이 되는 식당으로서 지역 주민이 주역이 되는 이벤트를 매달 기획하고, 홍보를 겸한 뉴스레터도 매달 내기로 했다.

민나노소라 시장조사 결과

고객은 무엇을 원해서 매장을 방문하는가?

◆ 매장 반경 3킬로미터 이내의 가구 수는 약 4,000가구이지만 낮 시간대 재택율은 낮다.

◆ 지역 슈퍼에서 무농약 채소를 사는 사람도 매우 많다.
◆ 매장 방침에 공감하는 단체(유치원, 병원, 장애인 시설)도 주변에 몇 군데 있다.

주말은 영업해야 하지 않을까?

전단을 만들어 우리 방침을 이해해 주는 단체랑 주변 주택에 돌려요.

단체 손님들이 많이 오기를 기대해요.

샐러리맨에게는 빨리 먹을 수 있는 덮밥이 좋아요.

이벤트를 기획해 손님을 오게 하면 어떨까요?

◆ 매장 근처에 직원이 10~30명 정도 되는 사업장이 몇 군데 있다.

회의나 시민 이벤트에 사용할 수 있는 무료 공간도 선전해요.

② 사업 계획 작성

사업 계획을 세우면 경영이 보인다.

■ 수지 계획

개별 사항을 검토해 수입과 지출 전망을 세운다.

[매출]

손님 한 명이 지출하는 평균 단가를 a, 매장의 좌석 수는 25, 1일 회전 수를 b라 하면 1일 매출 = a×25×b이다. 한 달 영업일 수를 c라 하면 한 달 매출 = a×25×b×c가 된다. 한 달 영업일 수는 25일로 계산했다.

[원가]

평균적인 메뉴로 한 끼 분량의 재료비를 계산하고 한 달 매출 예측 식 수를 곱하여 원가를 예측했다. 매출에 대한 원가 비율은 30퍼센트 이내 가 되도록 주의했다.

[경비]

인건비는 1일 업무와 시간·사람 수를 생각해 시급을 일률 800엔으로 하여 한 달 인건비를 계산했다. 임대료는 10만 엔이었다.

민나노소라 한 달 수지 계획(사업이 궤도에 오른 시기)		
매출 예측	1,250,000엔	1,000엔×25석×2회전×25일
원가(매입) 예측	375,000엔	300엔×1,250식 ·
인건비 예측	400,000엔	5시간×4명×25일×800엔

물건비(임대료)	100,000엔	
기타 경비	160,000엔	광열 · 수도 · 통신 · 교통비 · 소모품 · 광고비 등
차입 상환 비용	40,000엔	
영업 이익	170,000엔	

경비에는 달마다 고정으로 들어가는 것과 변동되는 것이 있다. 변동비를 일일이 확인하여 대략적인 월평균 경비를 산출한다. [고정비] 임대료, 인건비, 교통비, 차입금 상환, 렌탈 비용 등 [변동비] 재료 매입비, 수도 광열비, 통신비, 연수비, 소모품비, 복리 후생비, 광고비 등

민나노소라 개업 후 4개월 동안의 수지 시뮬레이션 (단위: 만 엔)						
		1개월 후	2개월 후	3개월 후	4개월 후	합계
매출		100	80	110	125	415
지출	원가(매입)	30	24	33	38	125
	인건비	50	45	44	44	183
	임대료	10	10	10	10	40
	기타 경비	20	20	16	16	72
	차입 상환비	4	4	4	4	16
	지출 합계	114	103	107	112	436
영업이익		-14	-23	3	13	-21

[손익분기점]
매출에서 지출 합계를 뺀 금액이 0이 되는 금액을 말한다. 어느 정도 매출을 올려야 하는지, 경비를 절약해야 하는지, 또 운전 자금을 준비해야 하는지 등을 계산하는 데 참고한다.

■ 사업 계획

다양한 조건을 고려하여 수입을 예측하는 것이 중요하다.

민나노소라 사업 초년도 계획서 (200X년 4월 1일 ~ 200Y년 3월 31일)	
업종	커뮤니티 식당 사업
오픈 예정일	200X년 4월 1일
설립 취지	질 좋은 식사를 중심으로 지역의 커뮤니티를 형성하고, 사회적 약자도 배제하지 않는 식당, 서로 부족한 부분을 채워 주는 일터를 만든다. 일하는 사람의 협동조합으로 전원이 출자하고 경영한다.
사업 내용	1. 커뮤니티 식당 안전한 식자재를 사용해 양질의 요리 제공 영업 내용: 오늘의 런치, 음료, 디저트 　　　　　(런치 가격 680엔~880엔 / 세트 가격 900엔~1,300엔) 영업 시간: 11:00~17:00 (월요일 정기휴일) 월 매출 예측: 125만 엔
	2. 커뮤니티 공간 기획 · 운영
	3. 도시락, 반찬 판매 (오픈 1~2년 안에 실시)
매입처	A 시장, B 농가, C 장애자 시설 등
자금	설비 자금 300만 엔, 개업 후 운전 자금 300만 엔(합계 600만 엔)
자금 조달 방법	출자금 300만 엔, 기부금 100만 엔, 차입금 200만 엔(합계 600만 엔)

민나노소라 초년도 수지 예산표 (200X년 4월 1일 ~ 200Y년 3월 31일, 단위: 만 엔)			
			설명 · 기준 · 유의사항
매출		1,415	415만 엔(개업 4개월 합계)+125만 엔×8개월
지출	원재료비	425	매출의 30퍼센트
	인건비	535	매출의 40퍼센트 내외
	임대료	120	주차장 포함
	수도 광열비	100	1개월 약 8만 엔
	기타 경비	100	연수비도 예산에 포함
	차입 상환비	48	200만 엔의 5년간 상환 이자 3퍼센트
	지출 합계	1,328	
영업이익		87	매출 − 지출 합계

[사업 연도]

경영 상황을 분명하게 파악하기 위한 목적으로 정해 놓은 일정 기간. 통산 1년. 어느 날을 기준으로 1년을 잡을 지는 자유.

혼자는 힘들지만 동료가 있으면 할 수 있다

③ 자금 계획 작성

설립 때 필요한 자금은 아래 표와 같다. 건물 경비, 설비 자금, 운전 자금을 고려하면 600만 엔이 필요했다.

자금 내역	필요 자금	
출자금 300만 엔 기부금 100만 엔 차입금 200만 엔(NPO뱅크)	물건 취득 비용(보증금 등)	30만 엔
	매장 내장 공사 비용 일체	200만 엔
	설비 설계 비용	20만 엔
	주방 설비 · 공조 설비 공사 등	20만 엔
	조리 기구(오븐 · 냄비 · 식기 등)	10만 엔
	기타 비품(포스 등)	10만 엔
	운전 자금	300만 엔
합계　600만 엔	합계	600만 엔

[운전 자금]

개업 후 3개월 동안 필요한 운전 자금을 마련해 두면 안심할 수 있다. 일이 계획대로 진행될지 알 수 없고, 적자가 계속될 경우나 예측하지 못한 사태에 대비한다.

[차입]

차입은 금융 기관(국민금융공고 등)이나 NPO뱅크에서 할 수 있다. NPO뱅크는 시민이 낸 자금으로 사회적인 활동을 하는 단체나 개인에게 융자하는 '시민의 비영리 은행'이다. 전국 각지에서 만들어지고 있는데 그중에서도 '토쿄커뮤니티뱅크'나 '여성 · 시민커뮤니티뱅크(카나가와현)'는 생활클럽생협이나 워커즈콜렉티브연합 조직이 함께 만든 NPO뱅크로 워커즈콜렉티브에 많이 융자하고 있다.

필요 자금 600만 엔 중 반은 구성원의 출자금으로 마련하기로 하고, 나머지 300만 엔을 어떻게 마련할지 고민했다. 여성이나 노인에게 돈을 빌려주는 은행은 없었다. 적은 금리로 시민 사업에 융자하는 NPO뱅크가 있다는 말을 듣고 문의해 보기로 했다. 더불어 지역에 필요한 사업이라는 점을 홍보하고 기부금도 모으기로 했다. 장애인 시설, 병원, 자치회, 생협 등 지역 단체나 개인에게 한 구좌 5,000엔으로 총 100만 엔을 모으고 나머지 200만 엔은 NPO뱅크에서 빌린다는 계획을 세웠다.

바로 기부금 모금을 시작했다. 기부를 호소하기 위한 안내 전단도 만들었다. 지역의 과제를 해결하기 위해 커뮤니티 식당을 만든다는 것, 모인 기부금의 사용처, 기부해 주신 분에게는 사업의 진행 상황이나 이벤트 관련 정보를 전달하겠다는 등의 내용을 담았다. 두 달 만에 무려 100만 엔을 모을 수 있었다. NPO뱅크에서는 5년 안에 상환하기로 하고 3퍼센트 저리로 200만 엔을 빌렸다.

드디어 오픈을 향한 구체적인 준비에 들어가다

④ 구성원 의사 확인

오픈에 필요한 출자금을 모아야 해서 와카코 씨는 모두의 의사를 확인했다. 출자하고 경영하면서 일할 의사가 있는지.

누구에게도 고용되지 않고 노동 방식이나 급여, 사업 내용도 스스로 결정하는 노동을 위해 출자한다는 것은 알고 있지만, 30만 엔을 내기는 어렵다고 말하는 동료가 있어 논의가 이루어졌다. 누구나 동료가 될 수 있는 공간으로 만들기 위해 출자금 최저 금액은 1구좌 10만 엔으로 하고, 형편이 되는 사람이 여러 구좌를 출자해 300만 엔을 마련할 수 있었다. 출자액에 따른 발언권의 차이는 없고 1인 1표의 평등한 권리를 갖는 것이 워커즈콜렉티브라는 것도 모두 확인했다.

⑤ 워커즈콜렉티브 명칭 검토

설립 총회에서 승인을 받는 정관에는 사업소의 정식 명칭을 기재해야 한다. 모두 아이디어를 모아 이름 후보를 제안했다. 가장 많은 지지를 받은 이름은 '워커즈콜렉티브 민나노소라'였고 식당 이름은 '커뮤니티 식당 민나노소라'였다.

⑥ 매장 설비 확인

와카코 씨는 재차 설비를 점검하고 배기구 위치, 화장실 위치, 배수 상태를 확인했다. 높낮이 차이, 하수도 배관 설비 등도 문제가 없는지 확인한 후 건물주와 정식 계약 날짜를 잡았다.

매장 물건 찾기	민나노소라의 와카코 씨처럼 먼저 물건이 정해지는 경우는 드물다. 매장과 사무소가 필요한 경우에는 물건을 찾는데 시간이 오래 걸린다. 사람의 통행이 많은 곳이라고 다 좋은 건 아니다. 다양한 각도에서 검토하는 것이 필요하다.
입지	시장 조사를 통해 손님이 쉽게 찾아올 수 있는 입지인지를 고려한다. 아이들 학원이라면 학교와 가까운 곳, 차분한 공간을 제공하는 카페라면 번화가에서 조금 떨어진 곳이 좋다.
넓이	사업 규모에 맞는지, 설계가 사용하기 편하게 되어 있는지 검토한다.

설비	전기 · 급배수 · 배기에 문제가 없는지, 냄새 · 소음 · 배수 · 배기 상태를 확인한다.
주차장	필요하다면 확보한다.
계약 기간 보증금 부동산 중개료 정식 계약일	확인한다.
자금 계획	무리가 없는지 검토한다.
배리어프리* 설계	확인한다.

*배리어프리(barrier free) 고령자나 장애인도 편하게 이용하도록 물리적 제도적 장벽을 없애는 것. 일본에서는 일반 용어로 정착되어 쓰이고 있다. - 옮긴이

동선을 확실하게 확인한다

⑦ 매장 설계와 공사

조리할 때 동선의 낭비가 없도록 하는 것이 중요하다. 매장은 이전에도 식당으로 사용하던 곳이지만, 설비를 그대로 사용할 수 있는지 확인하고 부족한 설비가 없는지도 점검했다. 보건소에서 영업 허가를 내줄 수 있는 조건을 갖추고 있는지도 중요했다. 창문이나 방충망도 꼼꼼하게 점검해야 한다. 걱정되는 부분이 있으면 공사 시작 전에 도면을 가지고 관할 보건소에 가서 점검을 받도록 한다. 휠체어용 화장실이나 바닥 보수, 내장 공사에 대해서는 설비 업체와 상담하여 견적을 받았다.

비품으로는 식기를 보충해야 했는데 그건 즐거운 일이었다. 모두가 검토한 후 흰색 반투명 식기를 골랐다.

⑧ 기술 연수

구성원들과 함께 식당을 경영하는 워커즈콜렉티브를 견학했다. 주방 직원들이 능숙하게 일을 척척 해 나가는 모습을 보며 모두 감탄했다. 실제로 일정 기간 그 속에 들어가 함께 일해 볼 수 있도록 연수도 의뢰했다. 조리 순서를 배우고, 접시에 음식 세팅하는 법, 메뉴 결정, 주문, 매입, 접객, 계산대 사용법, 일일 회계 처리 등을 배웠다.

민나노소라를 글로 표현하는 규칙 만들기

⑨ 정관 작성

정관은 조직이 지켜야 할 헌법과 같은 것이다. 사업 목적, 출자 방식, 조직 체계 등 민나노소라의 기본을 나타내는 정관을 만들었다. 함께 의논하고 내용을 확인했다. 정관을 만듦으로써 새삼 민나노소라가 조직으로써의 형태를 가지게 되었다고 와카코 씨는 생각했다.

⑩ 규약 · 규정 · 운영 규칙 작성

정관 외에 문서로 남겨 두고자 하는 결정 사항이 있을 때는 규약을 만든다. 차입할 때의 책임 소재를 연대 보증으로 한다는 것이나 출자금 납부와 반환 방법, 임금에 관한 약속, 경조사비에 관한 것 등은 내부 규정으로 만들었다. 운영 규칙에는 운영 회의 개최 방식을 명기하고 매월 전원이 참가한다는 것을 확인했다.

규칙은 그대로 내버려 두는 것이 아니라 2~3년에 한 번씩 검토하기로
했다.

조금 더 힘을 내자, 아직 할 일이 많다

⑪ 설립 총회 준비

총회는 구성원 모두가 모여 조직의 방침을 정하는 최고 기관 회의이다.
최초로 조직의 설립을 선언하는 것이 창립 총회이며 설립 취지서, 정관,
사업 계획 등을 토의한다. 이후 매년 정기 총회를 열어 그해의 사업 방침
을 결정한다. 창립 총회는 자신들이 왜 워커즈콜렉티브로 창업을 했는지
를 확인하는 장이며, 이를 안팎으로 알리는 장이기도 하다. 민나노소라의
사업에 공감하는 단체들에게 설립 총회 초대장을 보냈다.

⑫ 설립 취지서 작성

왜 이 사업을 이런 노동 방식으로 하게 되었는지 준비 모임을 발족하면
서 만들었던 설립 취지서 초안을 다시 읽어 보면서 초심을 다지고, 마지
막으로 모두가 납득할 말한 표현으로 바꾸어 설립 취지서를 완성했다.

⑬ 영업 허가 신청(보건소)

식당 업무에 필요한 절차를 조사해 식품 위생 책임자로서 영양사인 아이 씨가 보건소에 등록했다. 보건소에서 영업 허가 신청 절차도 밟았다. 원래 식당을 하던 곳에서 다시 개업하는 것이기는 했지만, 영업 내용에 따라 허가 기준이 달라졌다. 신청 수수료는 2만 엔 정도였고, 신청 후 10일 정도 되자 보건소 직원이 시설 실사를 나왔다. 그리고 10일 후에 허가서가 나왔다.

⑭ 개업 시뮬레이션

내부 인테리어가 끝난 매장에서 업무 시뮬레이션을 해보았다. 재료 발주와 매입, 전화 대응, 휠체어를 탄 손님 대응 등 실제라 생각하고 작업을 확인했다. 조리 시간이 너무 많이 걸려서 재료 밑 작업 방식을 재점검해보는 등 동선을 확인했다.

인허가가 필요한 업종 [일본 예]								
취급 품목	직업 알선	여행 대리점	생물	약	주류	쌀 곡물	중고품	식품
기관	공공직업 안정소	운수국	보건소	광역자치단체 약무과	세무서	농정국	경찰	보건소
허가 등록	허가	등록	허가	면허	면허	등록	허가	허가

오픈을 향해

⑮ 세무 · 회계 처리 준비

회계 담당인 도타로 씨는 경리 경험이 없어서 지역 상공회가 주최하는 교육에 참여했다. 또 다른 워커즈콜렉티브가 하는 방식을 참고해 일별 입출금 전표 기재 방법부터 장부 적는 법, 월별 결산 방식 등을 배웠다. 세무는 세무서 직원에게 도움을 받을 수 있었다.

⑯ 영업 · 홍보

오픈을 앞두고 전단을 만들어 집집마다 돌아다니며 우편함에 넣었다. 특히 인근 사람들에게는 직접 인사를 다니면서 민나노소라의 특징을 설명하며 단골이 될 수 있도록 신경을 썼다.

⑰ 설립 총회 개최 · 오픈

설립 총회는 예정대로 4월 1일에 열었다. 정성을 담은 파티 요리를 준비해 관계자와 장애인 시설, 의료 시설, 생산자, 생협 등 민나노소라와 관계 있는 사람들을 초대해 오픈 파티를 했다. 모두가 새로운 출발을 축하해 주었다. '긴 여정의 출발점에 서 있는 사람은 우리만이 아니라 지역 사람들 모두'라고 와카코 씨는 생각했다.

⑱ 개업 관련 각종 신고

사업을 시작하고 바쁜 나날을 보내는 와중에 잊어서는 안 되는 것이 개업 신고이다. 대표가 된 와카코 씨와 경리 · 세무 담당인 도타로 씨는 개업 신고와 세무 관련 신고를 하기 위해 해당 기관을 찾아갔다.

신고를 끝내고 밖으로 나온 와카코 씨는 이제부터 진짜 시작이라는 생각이 들었다. 이날도 하늘은 맑게 개어 있었다.

세무서에 하는 신고[일본 예]		
세무서 제출 (사업 개시 후 2개월 이내)	법인 설립 신고서	법인격이 없는 단체도 제출
	수익 사업 개시 신고서	법인격이 없는 단체나 NPO
	청색 신고*승인 신청서 ＊ 납세 의무자로 하여금 양심적으로 정확하게 과세 표준을 자진 신고하게 하고, 각종 세법상의 혜택을 주는 제도-올긴이	
	급여 지불 사업소 개설 등록 서류	
	원천소득세 납기 특례에 관한 신고서	10인 미만인 경우, 반년 치를 한꺼번에 낼 수 있다
	기타	감가상각자산 매각 방법 신고 등
광역지자체 세무서 제출	법인 설립 신고서	법인격이 없는 단체도 제출
기초지자체 제출	법인 설립 신고서	법인격이 없는 단체도 제출
	고정자산(상각재산) 신고서	

자신의 동네에 커뮤니티 식당을 낸 와카코 씨의 그 후

민나노소라는 조금씩 지역에 뿌리 내리고 있다. 지금부터는 와카코 씨가 사업을 해 나가는 모습을 보며 워커즈콜렉티브를 어떻게 운영하는지 살펴보도록 하자.

이런 게 있으면 좋겠다고 생각한 사업이 시작되었다

민나노소라 구성원들은 조금씩 일에 익숙해져 갔다. 손님들이 와서 식사하고 휴식하는 모습을 보면 즐거웠다. 지역의 병원에서 장애가 있는 분들의 직장 연수를 받아 달라고 요청해 왔을 때는 큰 보람을 느꼈다. 동료들도 함께 이 사업을 시작했다는 사실에 자긍심과 기쁨을 느끼는 듯했다.

그러나 사업이 늘 순조롭게 계속되리라는 보장은 없다. 민나노소라는 이제 7개월이 지나고 있다. 개업 초기에는 그런대로 손님이 있었다. 그럭

저럭 안정되어 가고 있었지만, 비 오는 날에는 손님의 발길이 뜸했다.

월 1회 열리는 운영 회의에서는 매월 경영 상황이 보고되었다. 예산상으로는 이미 흑자가 나야 하는데 그렇게 간단하지가 않았다.

민나노소라 운영회의

자신의 의견을 뒤에서 이야기하는 것이 아니라 책임성을 가지고 발언한다.

논의를 거듭해 가는 과정에서 사람도 조직도 성장한다.

그렇게 어려운 일은 아니에요.
병이 있는 사람이나
어르신들도 장애가 있다고
할 수 있어요.
우리도 언젠가는 나이가
들잖아요.

장애가 있는 사람과 함께
일하는 게 가능할까요?
장애인을 만나 본 적이
없어서.

[회의 포인트]
중요한 의제는 사업 계획에 따른 현황 분석과 대책이다.
사전에 자료와 회의 의제를 적은 의안서를 준비하면 회의를 원활하게 진행할 수 있다.
사업에 대한 솔직한 의견 교환이 가능한 분위기를 만드는 것도 중요하다.
서로 존중하자.

전원이 경영자

"9월 결산을 한번 보세요. 이대로 가면 망할 수 있어요. 원인이 뭘까요?"

"좀 더 매출이 오를 거라 생각했는데…."

"일손이 꽤 많이 들어가요."

"효율만을 우선시할 거면 일반 회사랑 다를 게 없어요."

"할 수 있는 것부터 하나하나 점검해 나가야 하지 않을까요?"

그래서 먼저 지출을 줄일 방법이 없는지 지혜를 모았다. 매출에서 차지하는 원재료 비율이 30퍼센트였는데, 일반 식당의 평균과 비교해도 높지 않았다. 직접 만드는 부분에서 오히려 경비가 남았다. 안전한 식품을 제공하는 것이 민나노소라의 강점이기에 이 부분은 양보할 수 없다는 아이씨의 의견에 모두 찬성했다.

수도 광열비나 소모품 사용 방법을 엄격하게 점검해 절약하기로 했다.

그리고 인건비에 대해 모두가 내린 결론은 이러했다.

"매출이 적은 달은 인건비 지출을 일부 뒤로 미뤄 다음 달이나 조금 늦추는 수밖에 없다. 총회에서 승인한 내규로 정해진 시급은 최대한 바꾸지 않는다. 어떻게든 경영을 안정시키자."

미룬 인건비를 받을 수 있는 달은 잉여가 나오는 달로 정했다. 모두 진지해졌다.

| (단위: 만 엔) | 예산 | 결산 | | | | | | | 달성률 |
		4월	5월	6월	7월	8월	9월	누계	
매출	1,415	110	95	100	90	80	90	565	40%
지출 원재료비	425	33	29	30	27	24	27	170	40%
인건비	535	45	48	50	46	44	50	283	53%
임대료	120	10	10	10	10	10	10	60	50%
수도광열비	100	8	8	8	7	7	8	46	46%
기타 경비	100	12	11	8	8	6	7	52	52%
차입 상환금	48	4	4	4	4	4	4	24	50%
지출 합계	1,328	112	110	110	102	95	106	635	48%
영업이익	87	-2	-15	-10	-12	-15	-16	-70	-80%

* 이익이 나지 않을 때도 조정을 하면서 재정비할 수 있는지가 중요하다.
* 민나노소라는 누구든 편안하게 들를 수 있는 가게를 만들기 위해 홀에 사람을 배치하고 있다. 또 장애가 있는 사람과 함께 일할 때도 사람이 더 필요하므로 인건비가 늘어난다.
* 때로는 사업을 전환해 신규 사업을 시작할 수도 있다. 철수할 때는 원상회복 등에 목돈이 들어갈 수 있다. 철수 시기를 잘 판단하는 냉정함도 필요하다.

경영 위기! 탈출 대작전

계속해서 구성원들은 매출을 늘리는 방법을 고민했다.

설문 조사를 해보자는 의견이 나와 손님들의 주소와 소감을 물어보았다. 조금 떨어진 동네에서 차로 오는 손님들이 의외로 많았다. 단체 손님은 예약하고 오기 때문에 도움이 되었다. 재방문객도 많았다. 인터넷을 활용한 홍보는 앞으로 꼭 고민해야 할 부분인데, 일단은 전단 배포 범위를 넓혀 보기로 했다. 이벤트는 매월 1회 기획해서 하고 있는데, 앞으로도 모두가 관심을 가지고 매력적인 기획을 제안하기로 했다.

사업 계획에 있던 도시락과 반찬 판매를 시작했다. 차를 마련해 배달도 하고 싶지만 일단 사업을 어느 정도 궤도에 올린 후 하기로 했다.

또한 지금까지 해왔던 것처럼 지역에서 우리 사업을 지지해 주는 단체나 NPO와의 연계를 강화하고, 자치회나 상공회의소 모임에도 적극적으로 참가해 사업 내용과 사회 공헌성, 식사나 서비스의 높은 품질을 알리는 기회로 삼기로 했다.

노력한 보람이 있어 민나노소라를 이해해 주는 사람들이 늘고 있다. 파티나 단체 예약도 늘어 수개월 만에 밀린 인건비를 해소할 수 있었다.

제1차 정기 총회 - 결산과 세금

민나노소라의 결산 달은 3월이다. 그 후 2개월 안에 세무 신고를 해야 하므로 그 전에 결산 자료를 승인하는 총회를 열어야 한다. 2월부터 총회 자료집에 들어갈 자료를 정리하기 시작하면서 1년 동안의 활동 보고와 이듬해 사업 계획을 함께 고민했다. 4월이 되자 회계 담당자가 결산 보고 자료를 만들기 시작했다. 영업 실적을 정리한 손익 계산서, 재산 상태를 나타내는 재무 상태표를 작성해 감사를 받았다.

민나노소라 초년도 결산 200X년 4월 1일~200Y년 3월 31일(단위: 만 엔)			
	예산	결산	달성율
매출	1,415	1,338	95%
지출 원재료비	425	401	94%
인건비	535	578	108%
임대료	120	120	100%
수도광열비	100	93	93%
기타 경비	100	95	95%
차입 상환금	48	48	100%
지출 합계	1,328	1,335	101%
영업 이익	87	3	3.4%

[내부 유보]

민나노소라의 1년간 사업 수지 결산은 약간 흑자였고 영업 이익은 3만 엔이었다. 얼마 안 되는 금액이라도 내부에 축적해 새로운 사업을 전개하는 자금으로 삼고자 한다. 단, 세금을 내야 해서 영업 이익이 약 10만 엔 이상이 아니면 내부 유보는 불가능하다.

제1차 정기 총회는 5월 초에 열렸다. 모든 의안이 승인되었다. 이 결산 보고 서류를 가지고 세무서에 가 세무 신고를 했다. 이를 토대로 세금 액수는 다음과 같이 정해졌다.

사업 관련 세금[일본 예]		
세금	내용	
	세액 계산 방법	세율
법인세	세액 = 과세소득(손익계산상의 당기이익±세무조정)×세율 기타 부흥세(2014년 1월 기준)	자본금 1억 엔 이상으로 과세소득이 800만 엔 이상인 법인의 경우, 납세소득의 15%

법인 주민세		자본금	종업원	광역지자체 주민세	기초지자체 주민세
	균등할	1,000만 엔 이하	50인 이하	2만 엔	5만 엔
			50인 초과		12만 엔
	법인세할			법인세 소득세액의 5%	법인 소득세액의 12.3%

법인 사업세	과세소득 400만 엔까지	과세소득의 2.7%
지방법인 특별세	법인사업세액의 81%	

소비세	기준 기간(전전 사업연도)의 과세 매출이 1,000만 엔을 초과하면 소비세가 부과됨 설립 후 2년째까지는 면제 원칙 (기준 기간의 과세 매출이 5,000만 엔 이하일 경우, 간이과세방식 선택 가능)	
	세액 계산 방법	세액 = 과세 매출에 부과되는 소비세액-과세 매입에 부과되는 소비세액 (간이과세액 = 과세 매출에 부과되는 소비세액-과세매출에 부과되는 소비세액의 60%) *60%는 음식점업의 경우

세율은 2014년 1월 기준

민나소노라 첫 해 납세액	
세금	내용
법인세	과세소득이 3만 엔이므로 4,500엔
법인 주민세	**균등할** 과세소득이 0엔인 경우에도 부과됨 2만 엔+5만 엔=7만 엔
	법인세할 광역지자체 주민세 200엔 기초지자체 주민세 500엔
법인 사업세	800엔
지방법인 특별세	600엔
소비세	0원 첫 해에 과세 소득이 1,000만 엔을 넘었기 때문에 3분기(10~12월)부터 소비세 과세사업자가 된다.
합계 납세액	76,600엔

업무 중에 상해를 입을 경우

3년째 되는 봄, 구성원 모집 전단을 민나노소라 입구에 붙였다. 이사나 집안 사정으로 그만두는 구성원도 있었다. 일손이 부족한 상황에서 동료 한 사람이 업무 중에 가벼운 부상을 입었다. 병원에서 업무 중 상해라는 진단을 내리면 건강보험을 사용할 수 없다는 말을 듣고 깜짝 놀랐다. 자비로 치료비를 부담해야 했다. 노동 보장에 대해 서둘러 알아 보았다. 일본의 노동보험우리나라의 산업재해보상보험에 해당한다. - 옮긴이은 '고용된 노동자'를 대상으로 한다는 것을 알았다. 워커즈콜렉티브의 대표는 대외적인 창구 역할이며 계속 바뀐다. 일반 회사처럼 대표로 고용되는 것이 아니다. 그러나 일을 하다 다치거나 병에 걸렸을 때 보장이 없으면 불안하므로 노동재해보험에 가입하기로 하고 대표는 특별가입을 선택해 보장 받기로 했다.

[워커즈콜렉티브 노동 보장]

워커즈콜렉티브는 고용 관계가 없으므로 고용 노동이 전제인 사회 제도는 이용하기 어렵다. 대표에게 고용되는 형태로 해서 사회 보장 제도에 가입하는 사업소도 있지만, 대표는 별도의 형태로 보장을 받아야 한다. 워커즈콜렉티브의 연합 조직이 독자적인 보장 제도를 만들어 둔 곳도 있다. 카나가와의 워커즈콜렉티브공제주식회사*는 소액 단기 보장 사업으로 워커즈콜렉티브 구성원의 업무 중 장애 보장이나 휴직 보장을 취급하고 있다.

* 워커즈콜렉티브공제주식회사

공동 출자, 공동 경영, 공동 노동을 하는 워커즈콜렉티브의 경우 고용 관계를 전제로 하는 사회보험제도에 부합되지 않아 노동 보장을 받지 못하는 문제가 있다. 워커즈콜렉티브를 규정하는 법률 제정 운동 속에서도 이 문제가 논의되고 있다. 토쿄와 카나가와의 워커즈콜렉티브 연합 조직은 독자적인 공제 제도를 갖고 상호부조 정신에 따라 노동 보장을 해왔다. 2006년 보험 업법 개정으로 자주적인 공제 사업까지 규제를 받게 되자, 1,000명 이상의 가입자가 있는 카나가와의 워커즈콜렉티브공제는 어쩔 수 없이 사업을 전환해 2011년에 주식회사로 소액단기보험 사업에 등록했다. 워커즈콜렉티브 공제주식회사의 목표는 전국 워커즈콜렉티브의 노동과 휴업 보장 공제를 취급하는 것이다.

[고용 노동의 기본적인 사회 제도]

일반적으로 고용 노동자에게 적용되는 보험은 노동자를 보호할 목적으로 다음과 같은 제도를 두고 있다.

▢ 노동재해보험: 노동재해보상보험법에 기초한 제도로 업무상 재해 또는 통근 재해로 노동자가 부상을 입거나 병에 걸리거나 장애가 남거나 사망했을 때 재해를 입은 노동자 또는 유족에게 소정의 보험금을 지급하는 제도이다. 사업주는 노동자를 한 사람이라도 고용하면 가입하여 보험료를 내야 한다. 보험료는 전액 사업주가 부담한다. 사업소로 가입하기 때문에 그곳에서 일하는 사람은 누구나 받을 수 있다. 노동보험에 대한 사무 처리를 노동보험사무조합에 위탁하면 중소 사업주도 특별 가입을 할 수 있다.

▢ 고용보험: 고용보험 제도는 노동자가 실직했을 때 필요한 급부를 하여 노동자의 생활 및 고용 안정을 꾀하는 동시에 재취업 지원을 목적으로 한 고용과 관련된 종합적인 기능을 가진 제도이다. 보험료는 업종에 따라 다르다.

▢ 건강보험: 건강보험법에 기초한 피고용자 의료보험 제도이다. 주로 민간 기업 종업원에게 적용된다. 보험료는 사업주와 피보험자가 반반 부담한다. 보험 사업 운영비의 일부는 국고에서 부담한다.

▢ 사회보험(후생연금): 민간 기업에 고용된 노동자가 가입하는 연금보험이다. 보험료는 사업주와 노동자가 반반 부담한다.

만남과 교류가 있는 식당

'이번 달도 아슬아슬하군.' '다음 달은 꼭!' 민나노소라의 그달 결산서를 보면서 구성원들은 생각했다. 이제 곧 제5차 정기 총회 준비를 시작해야 하는 시기이다. 구성원들의 노력이 결실을 맺어 영업은 잘되고 있다. 그러나 사회적으로 취약한 처지에 있는 사람들과의 공생을 추구한다는 이상을 좇다 보면 아무래도 인건비가 늘어난다. '영업을 위한 노력은 열심히 하고 있다. 지원금도 한번 생각해 보면 어떨까?' 와카코 씨는 법인격이나 지원금 관련 학습회를 제안해 봐야겠다고 생각했다.

한 사람의 열정이 다른 사람에게 영향을 주거나 작은 아이디어가 효과를 내는 경우가 있다. 새로운 기회는 기다리기만 해서는 오지 않는다. 직접 잡으러 가야 한다. 새로 들어온 직원이 식기 세척기를 구입해서 효율을 높이자고 제안했다. 하고자 하는 열정이 기쁘다.

또 다른 직원은 혼자서 식당을 찾아오기 어려운 어르신들을 모시러 가자고 제안했다. 자원봉사가 아니라 사업 차원으로 생각해 볼 만하다고 생각했다.

협동의 일터 민나노소라는 개개인의 개성을 살리고 좌충우돌하면서 앞으로 나아가고 있다. 의견을 부딪치고 고민하면서 지역에 필요한 서비스를 제공하고 있다. 다양한 삶의 방식, 노동 방식을 인정하는 사업체를 만들어 사회에 제시하고 있다. 그리고 사람과의 만남과 교류가 있는 식당을 오늘도 지역 주민들과 함께 경영하고 있다.

5장
협동조합 간 협력

워커즈콜렉티브 사이의 상호 협력

세 명만 모여도 무언가 시작된다! 힘을 합
치면 큰 문제라도 해결할 수 있다. 피차일
반, 서로 돕는 마음으로 워커즈콜렉티브
는 지역은 물론 전국으로 이어져 있다.

협동조합으로서의 워커즈콜렉티브

협동조합이란?

'협동조합'이라고 하면 어떤 이미지를 떠올리는가? 한마디로 말해 '공통 목적을 위해 서로 돕고, 조합원이 민주적으로 관리·운영하는 사업체'가 협동조합이다.

유럽에서 가장 오래된 협동조합 중 하나라고 자칭하는 The Shore Porters' Society는 1498년 스코틀랜드 애버딘 항에서 일하던 짐꾼들이 결성했다. 자발적 서로 돕기 사업체인 협동조합은 이후 "만인은 일인을 위해, 일인은 만인을 위해"라는 기치를 내걸고 점차 유럽 전체로 확대되었다.

특히 번성했던 때는 1840년대로, 1844년에 생활협동조합의 선구자로 불리는 영국의 로치데일공정선구자협동조합이 설립되었고, 프랑스에서는 노동자협동조합이, 독일에서는 신용협동조합이 잇따라 설립되었다.

협동조합은 농업, 보험, 주택 등 다양한 분야로 범위를 넓혔고, 1885년에 는 14개국의 협동조합 대표가 런던에 모여 제1회 국제협동조합대회를 열 었다. 그리고 협동조합의 국제 조직인 국제협동조합연맹(International Co-operative Alliance, 약칭 ICA)이 1895년 창립되었다. 일본에서는 1909 년경 토쿄구매조합공동회(현재 생협과 같은 조직)가 처음으로 가입했는데, 협동조합과 같은 서로 돕기 방식은 일본에서도 전통적으로 '유이^結'나 ' 모야이^{もやい}'라는 형태로 옛날부터 존재했다.^{유이와 모야이는 우리의 품앗이나 두레와 비슷} ^{한 일본의 전통 상호부조 – 옮긴이}

현재 국제협동조합연맹에는 농업, 소비 생활, 어업, 임업, 신용, 노동자, 주택, 여행, 에너지 등 다양한 분야에서 세계 96개국 271개 협동조합이 가입해 있고, 총 조합원 수는 10억 명이 넘는다(2013년 3월 기준). 두 번의 세계대전을 겪으면서 활동에 타격을 입기도 했지만, 이렇게 긴 시간 지속 한 국제 기관은 거의 없다. 또한 국제연합에 등록된 세계 최대 비정부 조 직이기도 하다. 2년마다 총회를 개최하는데, 1980년 제27회 대회(모스크 바)에서 레이들로 박사가 발표한 「서기 2000년의 협동조합」(통칭 '레이들 로 보고서')은 일본의 협동조합에 큰 영향을 끼쳤고 워커즈콜렉티브가 탄 생하는 계기가 되었다.

일하는 사람들의 협동조합 워커즈콜렉티브란?

'레이들로 보고서'에는 협동조합이 안고 있는 문제점과 앞으로의 과제가 책 한 권에 이르는 분량으로 서술되어 있다. 그리고 1980년부터 2000년을 내다보며, 식량·고용·절약중심사회·협동조합지역사회라는 4개 분야를 협동조합이 우선 해결해야 할 과제로 제시했다.

그중 '고용'에 대해서는 제1차 산업혁명 이후 자본주의 경제를 겪으며 노동자가 아닌 기업가나 투자가에게 관리권이 넘어가면서 세계적으로 노사 분쟁이 늘어났다고 지적했다. 이러한 상황을 극복할 타개책으로 19세기에 탄생한 노동자협동조합의 재생을 들었고, 이것을 이른바 제2차 산업혁명의 시작으로 보았다. 회사의 소유자·경영자·노동자가 따로 존재하는 것이 아니라 일체화된 노동 방식, 즉 주체적으로 서로 신뢰하며 공동으로 소유하고 운영하는 협동조합을 통해 함께 일하는 사업체를 만들어 나간다는 것이다. 그러한 실천 중 하나가 워커즈콜렉티브라는 사업체다.

워커즈콜렉티브는 자발적으로 모인 사람들이 출자하여 민주적으로 운영하고 일하는 협동조합이다. 사업을 시작하려면 자금이 필요한데 워커즈콜렉티브는 노동자들이 직접 출자해서 사업을 준비한다. 이 경우 출자금의 개념은, 이른바 주식회사가 주식을 발행해서 이를 자본금으로 사업을 전개한 뒤 주식 보유액에 따라 이익을 배당하는 방식과 큰 차이가 있다. 워커즈콜렉티브의 출자 목적은 이익 배당이 아니라 스스로 자신들의 일자리를 만드는 것이다.

일하는 사람들 모두가 경영에 참여하는 주체적인 노동 방식은 '고용하고 고용되는' 일반적인 노동 방식에 비해 '새로운 노동 방식', '또 다른(대안의) 노동 방식'이다. 고용되어 일하는 것이 아니라, 일하는 사람들, 즉 구성원(조합원)이 사업 활동이나 조직 방침을 결정하고 합의해서 책임지고 관리한다. 출자액과 관계없이 1인 1표 의결권과 집행권을 가지며, 조직의 목적 및 운영에 관한 규칙이나 정관, 규약을 정해 자신들의 노동 방식을 만들어 간다.

지역의 요구에 부응하는 시민 주체의 비영리 사업

일본 최초의 워커즈콜렉티브는 1982년 요코하마에서 탄생했다. '레이들로 보고서'를 계기로 생활클럽생협 조합원이 '워커즈콜렉티브 닌진'을 설립하여 생협 매장의 위탁 운영과 반찬과 도시락 제조 판매를 시작했다.

이후 생협 사업을 위탁 받는 데 그치지 않고, 먹거리 · 복지 · 환경 · 정보 등으로 분야를 넓히며 전국으로 확대되어 갔다. 주요 업종으로는 가사지원, 요양보호, 보육 · 탁아, 도시락 · 식사 서비스, 편집 · 기획, 재활용, 이동 서비스 등 다양하다. 자신이 사는 지역에 필요한 물자나 서비스를 스스로 사업화해서 제공하고, 노동에 대한 적절한 대가를 얻지만 큰 이익을 내겠다는 목적은 가지고 있지 않다.

사람과 사람의 연결이 거의 사라진 현대 사회에서는 서로 돕는 상호 부조 시스템의 필요성이 점점 커지고 있다. 워커즈콜렉티브의 구성원들은 넓은 의미의 '피차일반', '서로 돕기'라는 상호 부조의 마음으로 일한다. 직접 일터를 만들고 서로 협력하면서 삶을 더욱 좋은 방향으로 이끌어 나가는 데 충족감과 보람을 느끼며 활기차게 일한다. 이러한 사업체가 지역에 많이 생기면 이 서비스 덕택에 사람도 지역도 밝아지고 충실해질 것이며 더욱 살고 싶은 동네가 될 것이다. 워커즈콜렉티브는 그런 사회를 목표로 한다.

전국적으로 연합하는 워커즈콜렉티브네트워크재팬(WNJ)의 활동

하지만 규모가 작은 사업체인 워커즈콜렉티브는 하나의 사업체만으로는 불안할 수 있다. 현재 일본의 광역지자체 단위의 연합 조직은 홋카이도 · 치바 · 사이타마 · 카나가와 · 토쿄 · 군마 · 아이치 · 오사카 · 후쿠오카 · 쿠마모토에 있으며, 지역마다 워커즈콜렉티브가 협력하고 있다. 그리고 전국 규모의 연합 조직인 워커즈콜렉티브네트워크재팬(이하 WNJ)이 있다.

WNJ의 조직

WNJ는 1995년에 설립되었다. 전국 규모의 조직으로 연합하여 워커즈콜렉티브가 안고 있는 문제나 사업을 하는 과정에서 발견한 문제들의 해결책을 공유하고, 일하는 사람들의 협동조합을 사회에 널리 알려 정착시키는 것이 목적이다.

광역지자체 단위의 연합 조직이 1호 회원으로 활동에 참여하고 있다. 연합 조직이 없는 광역지자체의 워커즈콜렉티브는 2호 회원, 그리고 찬조 회원이 있다. 1호 회원 중에서 주요 단체가 운영 위원이 되고, 대표는 호선으로 뽑는다.

현재 1호 회원은 다음 11개 단체이다.

· 특정비영리활동법인 홋카이도워커즈콜렉티브연락협의회
· 카나가와워커즈콜렉티브연합회
· 특정비영리활동법인 워커즈콜렉티브치바현연합회
· 사이타마워커즈콜렉티브연합회
· 토쿄워커즈콜렉티브협동조합(사업협동조합)
· 특정비영리활동법인 어빌리티클럽타스케아이
· 워커즈콜렉티브네트워크군마
· 아이치워커즈콜렉티브연합회
· 워커즈콜렉티브킨키연락회
· 그린코프공동체워커즈연락회
· 워커즈콜렉티브쿠마모토연락협의회

이 11개 단체에 소속된 워커즈콜렉티브는 400개가 넘고 만 명 이상의 구성원들이 일하고 있다.

협동이 만들어 내는 힘, 연합 조직의 역할

사업을 지속시키고 발전시키기 위해 각 지역의 연합 조직이 펼치고 있는 활동을 아래에 소개한다.

[사업 연계]

하나의 단체는 작지만, 함께 모인 사업체는 서로를 도와줄 수 있고 큰 사업을 위탁 받을 수도 있다. 지역별로 같은 업종의 워커즈콜렉티브가 협력해서 사업 활성화를 위해 노력하고 있는 활동 사례를 소개한다.

도시락 가게, 반찬 가게, 빵집, 식당 등 수도권의 먹거리 관련 워커즈콜렉티브는 '공동사업회의'를 정기적으로 연다. 이 회의에서 나온 다양한 아이디어를 실행하면서 요식업의 어려운 현실을 극복하는 데 일조하고 있다. 메뉴 공동 개발이 그중 하나이다. 회의 날이 되면 사무실에 요리를 가져와 시식한 뒤 기탄없이 의견을 교환하고, 자신 있는 요리법은 서로 알려준다. 함께 성장하는 것이 목표이기 때문이다.

공동 매입 시스템도 있다. 상호 부조 정신에 입각한 워커즈콜렉티브는 식자재 품질도 먹는 사람 입장에서 고려한다. 안전한 식자재를 비교적 저렴한 값으로 이용할 수 있는 공동 매입 시스템은 함께하기 때문에 가능하다. 식자재가 필요한 워커즈콜렉티브가 모여, 워커즈콜렉티브 운동을 지원하는 생협 생산자들로부터 생산 이력을 알 수 있는 식자재를 매입한다. 생협에 납품하는 안전성 높은 식자재를 업무용 단위로 받는 것이다. 그리고 광역지자체의 연합 조직은 각각의 배송 시스템을 갖추고 있다.

홋카이도의 '특정비영리활동법인 홋카이도육아지원워커즈'도 획기적인 협력 사례이다. 하나의 워커즈콜렉티브만 보면 규모도 작고 법인격도 없지만, 홋카이도 워커즈콜렉티브연락협의회에 소속된 10개 단체가 모여 특정비영리활동법인을 만들어 복수의 공공 기관이나 기업체, 대학의 보육 시설로부터 사업을 위탁 받을 수 있게 되었다.

[배움]

포럼이나 학습회 등의 공동 연수도 중요하다. 수동적으로 고용된 경험밖에 없는 사람이 워커즈콜렉티브를 직접 경영하고 운영해 나가기 위해서는 워커즈콜렉티브라는 협동조합의 조직 방식, 회계, 경영, 각종 사무 능력 향상을 위해 배울 필요가 있다. 지역의 요구에 부응하는 사업을 펼치기 때문에 사회적 문제나 과제가 각 사업에 영향을 끼치기 때문이다.

예를 들어, 노인장기요양보험법이 개정되면 요양보호 관련 사업을 하고 있는 워커즈콜렉티브는 돌봄 형태나 사업 수익에 큰 영향을 받는다. 그러므로 요양보험 중 어떤 부분이 바뀌고, 그로 인해 사업에 어떤 영향이 있을지를 검증하는 학습회를 열고 있다.

또한 지금은 안전성이 높은 식자재를 산지 직거래로 매입하고 있지만, 앞으로 일본이 TPP(환태평양경제동반자협정)에 들어가면 어떻게 될지를 생각해 보는 학습회를 열어 문제점을 인식하는 기회로 삼고 있다. 사회 상황을 인지하고 상호 학습하여 구성원이 성장하면 사업에도 힘이 붙게 된다.

[설립 지원]

연합 조직에는 가입된 워커즈콜렉티브 수만큼 경험과 노하우가 쌓여 있다. 이를 활용하여 새롭게 워커즈콜렉티브를 조직하는 사람들에게 사업 계획 작성, 구성원 모집, 자금 조달, 홍보 및 선전 등을 지원한다. 또한 지역에서 상담회나 창업 강좌를 열어 설립을 권하는 활동도 하고 있다.

전국적인 연계로 사회를 변화시키다

사회 과제나 필요한 제도는 전국 조직인 WNJ가 학습과 검토를 거듭하여 제안 활동을 하고 있다. 연합 조직이 없는 광역지자체에서는 창업 지원 활동도 담당하고 있다.

[워커즈협동조합법 제정을 위해]

WNJ의 설립 목적 중 하나가 워커즈콜렉티브 법을 만드는 활동이다.

개인의 책임 범위를 한정하거나 정부와 지자체로부터 업무를 위탁 받기 위해서는 법인격이 필요하다. 하지만 일본에는 워커즈콜렉티브를 규정하는 법률, 즉 일하는 사람들의 협동조합법이 아직 없다. 2011년 조사에 따르면 WNJ의 워커즈콜렉티브 중 47퍼센트가 법인격이 없고, 특정비영리활동법인이 36퍼센트, 기업조합이 16퍼센트로 구성되어 있다. 법인격이 없으면 단체의 대표 개인이 무한 책임을 져야 하는 등 불안 요소가

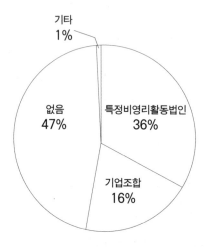

WNJ 회원 워커브콜렉티브의 법인격 (2011년)

기타
1%

없음
47%

특정비영리활동법인
36%

기업조합
16%

많다. 또 특정비영리활동법인은 출자할 수 없다. 기업조합은 '조합원의 경제적 지위 향상'이 목적이다. '협동으로 출자해서 일하고, 경영하고, 지역의 요구에 부응한다'라는 워커즈콜렉티브의 취지를 생각하면 크기가 맞지 않는 옷을 입고 있는 것과 같은 상태인 것이다.

함께 일하는 사람들의 협동조합, 워커즈협동조합법 제정을 정부에 촉구한 지 벌써 20년이 넘었다.

[정책 제언]

전국 조직의 또 다른 중요한 역할은 사업을 하면서 발견한 사회 문제들에 대해 해결 방안을 제안하는 것이다.

일례로, 워커즈콜렉티브가 요양보호 현장에서 필요하다고 느낀 바를

정리하여 장기요양보험제도 개정 때 반영하도록 후생노동성에 의견서를
제출했다. 식품 표시 문제도 마찬가지다. 유전자변형식품(GMO) 사용 여
부를 표시하라고 요구하는 활동은 안전을 중시하는 요식업 워커즈콜렉
티브에게는 중요한 문제이다.

정부 정책을 제언하는 활동은 전국 조직이기 때문에 가능한 것이다.

[전국 규모의 설립 지원]

연합 조직이 없는 광역지자체에서는 WNJ가 워커즈콜렉티브 창업을 위
한 설명회를 열어 강사를 파견하고 상담도 해 준다. 광역지자체에 워커즈
콜렉티브가 3개 이상 생기면 연락 모임이나 연합회를 조직하는 것이 바
람직하므로, 지역에 흩어져 있는 사업체를 연결하여 고립을 막는다. 또
이러한 연합 조직 설립도 지원한다.

[워커즈콜렉티브로 재난 지역 활성화 도모]

2011년 3월 11일에 일어난 동일본대지진은 많은 사람의 집과 일터를
빼앗고 지역 사회까지 파괴했다. 이재민들의 생활 재편을 위해 많은 지원
이 현지에 투입되었는데, WNJ는 워커즈콜렉티브를 만들기 위한 지원을
했다. 외지인이 일터를 마련해 주는 것이 아니라, 현지 주민들이 직접 창
업해야 사람과 사람의 유대나 삶의 희망을 되찾을 수 있다고 생각했기 때
문이다.

국토교통성의 지역 만들기 지원 사업인 '오후나토시의 지역 만들기 지

원, 생활 지원을 위한 코디네이트 사업'을 위탁 받은 일반사단법인 '생활 서포트기금'과 협력하여 그 일부인 '지역 시민 창업 지원' 사업을 WNJ가 담당했다.

2012년 3월부터 2013년 2월까지, '세 사람만 모이면 무언가가 시작된다'라는 제목의 설명회를 아홉 차례 열었다. 나아가 재난 지역에서 이동에 불편을 겪는 사람들을 위한 지원이 필요하다는 것을 알고 이동 서비스 사업 강습회를 다섯 차례, 복지유상운송 운전기사 강습회를 두 차례 열었다. 2012년 8월에는 오후나토시 시민과 인근 주민 수십 명이 직접 워커즈콜렉티브 '푸로3'을 설립했다. 지역 코디네이터 사업을 하는 워커즈콜렉티브이다. WNJ에서는 정부 사업이 종료된 이후에도 창업을 희망하는 사람들을 지원하기 위해 자금을 기부 받아 계속 지원하고 있다.

[전국 회의]

WNJ는 1993년부터 워커즈콜렉티브 전국 회의를 2년에 1번 개최하고 있다. 제11회 전국회의는 2014년 2월에 오사카에서 열렸다.

맺는글

어느 WNJ 회의에서 있었던 일이다. '워커즈콜렉티브의 노동 방식을 알리는 책을 만들자!'라는 이야기가 나와, 워커즈콜렉티브 중에서도 편집과 관계된 일을 하는 사람들이 자발적으로 프로젝트를 시작한 것은 2013년 초였다. 없는 것은 직접 만들어 버리는 워커즈콜렉티브 사람들에게 망설임은 없었다.

여세를 몰아 책 작업에 들어는 갔지만 완성하기까지의 여정은 평탄치 않았다. 책 내용을 정하는 기획 단계에서는 한동안 작업이 진척되지 않고 오히려 뒷걸음질 치는 경우도 많았다. 책을 만들어 본 경험이 거의 없는 사람들이 '서점에 진열되는 책을 만들자!'라는 발상을 한 것 자체가 황당했음을 깨달았을 때는 이미 되돌릴 수 없는 단계에 와 있었다.

하지만 이번 편집 작업은 비록 일부이긴 했지만, 전국의 다양하고 개성적인 사업소와 사람들을 만나게 해 준 귀중한 경험이었다. 이 책에 기술된 이상으로 많은 드라마를 간직하고 있을 한 사람 한 사람이 무척 가깝게 느껴졌다.

내게도 꿈이 있다. 동일본대지진으로 재해를 입은 고향에서 사업을 시작하고 싶다는 꿈이다. 누구든지 가볍게 들를 수 있는 식당이나 카페는 어떨까? 차를 마시거나 밥을 먹으면서 대화를 통해 힘을 낼 수 있는 그런 장소를 제공하고 싶다. 누군가에게 맡기기만 해서는 세상은 아무것도 변하지 않는다. 혼자서 대체 뭘 할 수 있겠냐고 체념하기 전에 워커즈콜렉티브를 알고 있는 것 자체로도 든든한 힘이 될 수 있다.

책을 만드는 과정에서 취재에 응해 주신 많은 분들, 협력해 주신 분들, 그리고 이 책을 끝까지 읽어 주신 여러분께 감사의 인사를 올린다. 부족한 책 작업을 지지해 주신 혼노키㈜ 시바타 케이조(柴田敬三) 님과 노 요스케(野洋介) 님, 지켜봐 주시고 추천의 글을 적어 주신 생활클럽스피릿츠㈜의 시라이 카즈히로(白井和宏) 님께 깊은 감사의 말씀을 드린다.

우리가 안고 있는 꿈과 희망이 담긴 이 책이 많은 사람의 손으로 건너가 워커즈콜렉티브라는 일하는 방식을 선택해 주시길, 그리고 진정으로 윤택한 생활을 만들어 나가기를 진심으로 기원한다.

2014년 1월
프로젝트 구성원을 대표하여 야마노이 미요(山野井美代)

WNJ가 걸어온 길

1982 제1호 워커즈콜렉티브 '닌진'이 카나가와에서 탄생

1989 시민사업연락회가 설립되어 법제화 학습과 검토 시작

1993 제1회 전국회의 개최(사이타마)

1995 제2회 전국회의 개최(토쿄) '워커즈콜렉티브 가치와 원칙' 발표

　　시민사업연락회에서 WNJ 설립

　　NPO법안 학습회

1997 제3회 전국회의 개최(토쿄) 워커즈콜렉티브 법안 요강 제1차 안 발표

1999 제4회 전국회의 개최(토쿄) 워커즈콜렉티브 법안 요강 제2차 안 발표

2000 워커즈콜렉티브법 연구회 시작 '워커즈콜렉티브법을 만드는 모임' 발족

2001 제5회 전국회의 개최(토쿄) 워커즈콜렉티브 법안 요강 제3차 안 발표

2002 워커즈콜렉티브법 관련 각 부처와 면담

2003 '공익 법인의 본격적 개혁에 관한 의견서'를 행안부 장관에게 제출

　　제6회 전국회의 개최(홋카이도)

2004 사회연대경제기업가국제포럼 제1회 몽블랑 회의(프랑스)에서 워커즈콜렉티브의 활동
　　과 일본 협동조합 현황 보고

　　ICA아시아대회(태국)에서 워커즈콜렉티브에 대해 발표

2005 아시아태평양 여성환경회의(한국)에서 워커즈콜렉티브에 대해 발표

　　공익 비영리 법인의 비과세와 공익성을 판단하는 제삼자 기관에 대한 요청서를 정부 세
　　제 조사회에 제출

　　제7회 전국회의 개최(카나가와)

2006 바르베리니 ICA 회장(당시)을 맞아 협동노동법제화시민회의가 주최한 '협동노동 협동
　　조합 법제화를 생각하는 시민모임'에서 발표

　　경찰청에 대해 '주차 규제 및 주차 허가 제도의 운용 개선'에 관한 퍼블릭 코멘트 제출

　　'자본과 노동이 함께하는 새로운 노동 방식'으로 워커즈콜렉티브가 〈2006년도 국민생
　　활백서〉에 소개됨

2007 제8회 전국회의 개최(쿠마모토)

　　협동노동 협동조합법의 신속한 제정을 요구하는 청원 활동 단체가 됨

　　자주 공제의 보험업법 적용 제외를 요구하는 청원 활동에 WNJ도 참가 결정

2008 '협동출자 · 협동경영으로 일하는 협동조합법(가칭)'을 생각하는 의원 연맹이 초당파

로 설립

　　국제협동조합운동 리더 이안 맥퍼슨 박사 초청 포럼 개최

　　민주당의 협동출자 · 협동경영으로 일하는 협동조합법 학습회에서 '워커즈콜렉티브법

을 만드는 모임'의 아마노 마사코天野正子 회장이 기조 강연

　　지방의회가 국가에 법 제정을 요구하는 의견서를 제출하도록 촉구하는 활동 시행(의

견서 채택 의회 700곳 이상)

2009 후생노동성의 노인장기요양보험제도 관련 시민 정책 원탁회의에 참가

　　제9회 전국회의 개최(사이타마)

2010 민주당의 '협동출자, 협동경영으로 일하는 협동조합법(가칭) 요강(안)'이 합의되어 의

원 연맹에서 검토 시작

　　'다 함께 실현! 워커즈협동조합법-레이들로 보고 30주년 · 60년만의 새로운 협동조합

을 향해'를 생활클럽사업연합생활협동조합연합회와 공동 개최

　　방문 요양에서 제공하는 '생활원조'를 계속 제도로 두자는 내용을 담은 '노인장기요양

보험 제도에 관한 전국 시민 사업자들의 7가지 제언'을 민주당 간사장에게 제출

2011 동일본대지진 피해 지역에 대한 모금 활동 개시

　　방문 요양에서 제공하는 '생활원조' 축소를 반대하는 서명을 후생노동성에 제출. 담당

관과 면담

　　사카이산업과 WNJ가 간벌재 나무젓가락을 개발, 활동 개시

　　WNJ 총회에서 성명문 '동일본대지진 및 토쿄전력 후쿠시마원자력발전소 사고에 대

해' 채택

　　민주당 · 후생노동부문회의에 '협동노동 협동조합법제 검토 워킹팀'이 설치되어 WNJ

가 설명

　　제10회 전국회의 개최(치바)

2012 국토교통성의 지역 만들기 지원 사업인 '오후나토시 마을 만들기 지원, 생활 지원을 위한 코디네이터 사업' 중 창업 지원 관련 사업 협력

보험업법 개정으로 자주 공제를 할 수 없게 되자 카나가와워커즈콜렉티브연합회가 소액 단기 보험업자로서 워커즈콜렉티브공제주식회사를 설립

세계협동조합의 해 이벤트 '협동조합 지역 공헌 콘테스트'에 응모. 응모된 총 215건 중 워커즈콜렉티브도 최우수 실천 사례(총 4개 단체)의 하나로 선정되어 수상. 일본협동조합학회의 실천상 수상

'워커즈콜렉티브 축제'에서 노인장기요양보험을 검증하는 포럼 개최

2013 이안 맥퍼슨 박사를 초대하여 '시야를 넓히자! 우물 안 워커즈가 되지 않도록'이라는 심포지엄을 생활클럽연합회와 공동 개최

세계협동조합의 해 기념 협동조합전국협의회(IYC기념전국협의회)에 회원으로 참가

노인장기요양보험제도의 보험급여에서 '요지원要支援1 · 2일본의 노인장기요양보험에서는 등급을 요지원 2등급, 요개호 5등급으로 나누고 있다. 요지원 1등급이 지원 등급이 가장 낮고 요개호 5등급이 가장 높다.—옮긴이'를 제외하지 말 것을 요구하는 집회를 중의원 의원회관에서 개최

워커즈콜렉티브 연합 조직

옮긴이의 글

　이 책을 처음 접한 건 2014년. 아이쿱 일본 연수단의 연수를 준비하면
서 일본의 워커즈콜렉티브에 대한 자료를 찾아 보다 우연히 이 책을 발견
했습니다. 일본 워커즈 연합 조직인 워커즈콜렉티브네트워크재팬(이하
WNJ)이 일본의 워커즈 사례를 모아 막 출판한 따끈따끈한 책이었습니다.
우리는 WNJ를 방문해 일본 워커즈의 현황과 사례를 둘러보는 기회를 가
졌고 그때 이 책을 두 권 선물로 받았습니다.

　지역에 필요한 사업을 마음 맞는 동료가 모여 함께 출자해 만들고 노동
하며 운영해 가는 워커즈콜렉티브는 고용되는 것이 아닌, 스스로가 주인
이 되어 자신의 노동 방식을 만들어 가는 무척 매력적인 사업체였습니다.

　마침 아이쿱 내부에서도 조합원을 넘어 지역의 조직으로서 생협이 어
떤 역할을 해야 할 것인가에 대한 고민이 커져 가고 있었고, 지역에서 자
기 역할을 찾아 창업을 고민하는 활동가들이 늘고 있었습니다. 이 책의
다양한 워커즈 사례들이 도움이 될 수도 있겠다는 생각이 들었습니다.

번역 작업을 한 일본어 번역 모임 '연리지'는 아이쿱생협의 조합원과 직원, 비조합원 6명으로 구성된 자원 활동 모임입니다. 구성원들이 가진 일본어 능력을 활용해 일본의 협동조합이나 NPO의 다양한 사례, 현황 등을 번역해 소개하는 활동을 하고 있습니다. 2005년 처음 모임을 만든 뒤로 구성원이 많이 바뀌기도 했지만, 13년을 이어오고 있습니다. 그동안 다양한 자료들을 번역해 제공했고, 『생활 협동의 윤리—배제를 뛰어넘어 더불어 사는 사회로』(푸른나무, 2009), 『살아 숨쉬는 마을 만들기—미나미 의료생협에서 배우는 협동과 돌봄』(알마, 2013)이라는 두 권의 책을 번역해서 내기도 했습니다.

2018년 모임을 시작하면서 어떤 자료를 번역할지 논의하다가 생협 활동을 졸업하는 활동가 사이에서 지역 창업에 대한 요구가 높으니 이 책을 번역해 보자는 의견이 나왔습니다. 번역과 감수에 꼬박 1년의 기간이 걸렸습니다. 구성원 6명(김연화, 김은영, 이려화, 이선영, 이은경, 이은선)이 돌아가면서 파트를 나눠 번역을 했고, 아이쿱협동조합지원센터 국제팀의 김은영과 이은선이 감수를 맡았습니다.

책을 번역하면서 워커즈콜렉티브의 노동 방식이 주는 감동과 이런 조직에서 일하고 싶다는 부러움 그리고 우리도 만들 수 있겠다는 가능성을 볼 수 있었습니다. 누구도 강요하지 않고, 서로를 배려하며 각자의 근무 방식과 시간을 정하며, 함께 논의하면서 운영하는 방식이 실제로 가능하다는 것이 큰 위로가 되었습니다.

한편으로 아무리 사회적 가치가 있는 사업이라도 사업은 사업이라 운영이 가능한 상태가 되어야 한다는 것도 알 수 있었습니다. 성공 사례를 보며 감동할 수 있으나, 막상 운영에 있어서는 많은 어려움과 고통 그리고 헌신이 따르리라 생각합니다. 막연한 환상이나 기대보다는 발을 땅에 딛고 현실을 보면서 체계적으로 구상해 가는 것이 필요하고, 그런 면에서 이 책 4장의 실천 부분은 도움이 되겠다 생각했습니다.

연리지 모임이 각자 지닌 능력을 살려 사회에 조금이나마 보탬이 되고자 하는 면에서 워커즈의 지혜, 돈, 시간을 내어 지역에 도움이 되고자 하는 면과 통하는 점이 있다고 생각합니다.

이 책의 번역에 시간과 지혜를 내어 준 연리지 모임 구성원 여러분, 정말 수고 많으셨습니다. 번역하면서 어려운 내용, 이해 안되는 부분, 생소한 언어를 끌어안고 고민했던 시간들이 떠오릅니다. 그래도 전문 번역가가 아니어서 아직 부족한 부분이 많이 있을 것입니다. 많은 양해를 부탁드립니다.

또 한국어 출판을 결정하고 연락을 드렸을 때 흔쾌히 한국어 출판을 허락해 주시고 추천의 글까지 보내 주신 일본 WNJ 관계자 분들에게도 깊은 감사를 드립니다.

전 아이쿱활동연합회 김아영 회장님, 바쁜 일정에도 멋진 추천의 글을 써주셔서 감사합니다.

마지막으로 힘든 출판 환경에서 얼마나 수요가 있을지 모를 이 책을 어느 출판사에 부탁해야 출판을 해 줄까 고민할 때, 우리의 제안을 흔쾌히 받아주시고 출판 전 과정의 어려운 여건 속에서도 애써 주신 장은성 대표

님과 김수진 님에게도 감사를 드립니다.

　동네에서 동료들과 함께 창업하여 사업을 해 나가려는 많은 분들에게
이 책이 조금이나마 도움이 될 수 있기를 바랍니다.

일본어 번역 모임 '연리지'를 대표하여

아이쿱협동조합지원센터 국제팀 이은선

워커즈콜렉티브네트워크재팬(WNJ)

워커즈콜렉티브는 30년 전 일본에서 만들어진 협동 사업으로, 각자의 능력과 돈을 출자해 만들고 함께 운영하는 노동 방식이다. 워커즈콜렉티브네트워크재팬은 일본 전역의 워커즈콜렉티브가 연계한 조직으로 1995년 설립되었다. 현재 400개 이상의 단체가 가입해 있다. 주로 워커즈콜렉티브 활성화, 창업 지원, 조사·연구 등의 활동을 펼치고 있으며, 2년마다 전국 회의를 개최하고 있다. 또 일하는 사람들의 협동조합을 규정하는 '워커즈협동조합법' 제정을 위해 노력하고 있다. 국제협동조합의 해였던 2012년에 '협동조합지역사회공헌콘테스트'에서 최우수상을 수상했다.

아이쿱생협 일본어 번역 모임 연리지

아이쿱생협의 조합원과 직원 등으로 구성된 자원활동 모임이다. 월 1회 모여 구성원들이 가진 일본어 능력을 활용해 일본의 협동조합이나 NPO의 다양한 사례, 최근의 동향 등을 번역해 소개하고 있다. 현재 구성원은 이려화, 김연화, 이선영, 이은경, 김경혜, 김은영, 이은선 등 모두 7명이다.

연리지는 2005년, 한국생협연구소(현 아이쿱협동조합연구소)의 일본 협동조합 연구 모임으로 시작해 올해로 14년째를 맞고 있다. 현재는 아이쿱협동조합지원센터에서 운영하고 있다. 14년 동안 구성원의 변화는 있었지만 계속해 올 수 있었던 것은 각자 개인적으로 바쁜 와중에도 본인이 지닌 일본어 능력을 이용해 조금이라도 세상에 도움이 되고자 하는 열정이 있었기 때문이다.

그동안 다양한 자료들을 번역해 제공했고, 『생활 협동의 윤리-배제를 뛰어넘어 더불어 사는 사회로』(푸른나무, 2009), 『살아 숨쉬는 마을 만들기-미나미의료생협에서 배우는 협동과 돌봄』(알마, 2013)을 번역해서 내기도 했다.

최근 생협 활동을 통해 익힌 협동의 DNA를 지역에서 발휘하고자 사업이나 활동을 모색하는 활동가들이 늘고 있다. 그들이 지역에서 새로운 사업을 만들어 가는 데 조금이나마 도움이 되었으면 하는 마음으로 일본 워커즈콜렉티브의 실천을 정리한 『동네에서 협동조합으로 창업하기』를 번역하게 되었다.

동네에서 협동조합으로 창업하기

1판 1쇄 펴낸날 2019년 3월 20일

지은이   워커즈콜렉티브네트워크재팬(WNJ)
옮긴이   아이쿱생협 일본어 번역 모임 연리지
펴낸이   장은성
편 집   김수진

출판등록일 2001.5.29(제10-2156호)
주소 (350-811) 충남 홍성군 홍동면 광금남로 658-8
전화 041-631-3914
전송 041-631-3924
전자우편 network7@naver.com
누리집 cafe.naver.com/gmulko

ISBN 979-11-88375-17-2 03300   값 15,000원